정겨운 朝鮮의 얼굴 | 우리 궁궐 산책

더이상 궁궐의 화려함과 겉모습만을 보지 말자! 그 시대를 살아온 사람들의 마음을 느끼러 가자!

이·비·락 樂

저자의 말

내가 궁궐을 처음 찾은 것은 지난 1992년의 일이다. 늦게 도착한 탓에 궁궐(경복궁)은 둘러보지도 못하고 먼발치에서 전각과 행각들을 힐끔 곁눈질하고 돌아온 일이 있다. 이때만 해도 내게 궁궐이란 그저 과거의 유물이며 먼지 쌓인 장식물에 불과하였다.

궁궐을 새로운 눈과 마음으로 찾게 된 것은 1995년 겨울 무렵으로 어느 역사 소설이 계기가 되었다. 그 소설이 다루고 있는 시대에 관한 서적과 장소를 미친듯이 찾아다녔는데 그 중 하나가 궁궐이다. 처음에는 역사적 현장으로 궁궐을 찾다가 점점 궁궐이 가지는 역할과 궁궐을 둘러싸고 있는 철학적, 문화적 배경에 반하게 되고 궁궐을 알아가는 매력에 빠져들었다.

어떤 한 가지를 배우게 되면 처음 배울 때는 쉬운 듯 보이다가 점점 그 깊이와 매력을 알아갈수록 어렵게 느껴진다고 한다. 내겐 궁궐이 그런 곳이다. 다만 그 대상이 불과 100년 전에도 존재했던 왕권국가 조선이라는 것, 그 시대의 통치 공간이라는 점이 좀 쉬운 것 뿐이다.

사람들은 내게 가끔 묻는다. 궁궐이 좋아요? 궁궐은 무엇인가요? 그때마다 나는 내게 묻는 그 사람의 의도가 궁금했다. 정말 알고 싶어서 그런 것인가? 단순히 이야기를 위한 말인지를 살피고 대답을 한다. 내가 그 사람의 의중을 생각해 보는 것은 나 또한 궁궐이 무엇인지? 궁궐을 좋아하는 것인지? 자신있게 대답할 입장이 아니기 때문이다. 다만 내가 생각하고 있는 궁궐과 궁궐을 알아가는 그 앎의 충족이 좋은 정도일 것이다. 궁궐은 그토록 내겐 큰 과제이자 명제이다.

이 책은 궁궐과 그 시대를 알고자 하는 이에게 혹은 나에게 명확한 해답을 주지는 못할 것이다. 그저 앎의 충족을 위한 길의 표석이자, 일부이면 만족하고 싶다.

여름을 보내는 아쉬움의 문턱에서

윤 돌

CONTENTS	PAGE

CONTENTS   PAGE

PAGE	CONTENTS

CONTENTS PAGE

01-21 STORY

경복궁 景福宮
전각 하나하나에 깃든
정성스러움

● 　계명산천에 달이 살짝 밝았네. 남문 밖
에 떡장사들아 한 개를 베어도 큼직큼직이 베
어라. 남문 밖에 막걸리 장사야 한 잔을 걸러도
큰애기 솜씨로 걸러라 창포밭에 금잉어 논다
금실금실 잘 논다. 화란춘성 봄바람에 너훌너
훌 나비 논다 .
〈경복궁타령 중에서〉

● 　임금은 덕으로 백성을 다스리고, 하늘
을 이고 땅을 딛고 사는 사람들은 배불리 평화
롭게 사는, 덕과 의가 지켜지는 그런 새로운 왕
조를 준비하는 창업자들에 의해 조선의 정궁
경복궁은 지어졌다. 예와 의와 덕이 조화되어
지어진 경복궁은 조선예술의 결정체이자 온
백성들의 꿈이다. 그것이 조선이고 그것이 경
복궁이다.

● 경복궁_광화문의 야경

01 광화문 光化門
조선으로 가는 정문

모양새는 그럴 듯하지만 성문과 문루 등은 철근과 콘크리트로 만든 것이며, 앞으로는 쉴새없이 차들이 다녀 그 모습이 안스러울 정도이다.

처음 경복궁을 지은 후에 광화문은 오문(午門)이라고 불리다가 세종 때 광화문이라는 이름을 얻게 된다.

조선 5백년 왕조의 권위와 정통성이 깃든 광화문은 일제가 흥례문 일곽에 조선총독부를 지으면서 경복궁의 동편인 건춘문 위쪽 담벼락으로 옮겨졌다가 한국전쟁 당시 포탄을 맞아 화강석 축대만 남고 문루는 모두 훼손된다. 훼손된 채로 남아 있던 것을 3공화국 시절 지금의 자리로 옮겨 철근 콘크리트로 기둥과 서까래를 얹고 철판으로 문을 만들었으며 현판을 한글로 만들어 달았다.

앞으로 넓은 도로가 있고, 지하철이나 버스에서 내리면 바로 국립고궁박물관과 동편 주차장, 국립민속박물관 출입문 등과 이어져 있어서 정문인 광화문을 이용해 경복궁을 찾는 이는 드물다.

광화문의 모습과 기능에서 경복궁의 정문이라고 하기에는 쑥스러운 구석이 많다. 하지만 그 기능이 성벽과 같고 비록 철근과 콘크리트로 만들어졌다 해도 광화문은 경복궁의 정문이며, 조선으로 향하는 문이다.

광화문은 세 개의 홍예문을 두었는데 가운데 간이 양 옆보다 조금 더 넓고 크며, 천장에는 남쪽을 지키는 주작이 그려져 있다. 주작은 남쪽 일곱 별을 상징하는 동물이며, 각 방위에 따라 좌청룡, 우백호, 남주작, 북현무 형식을 띤다. 남문인 광화문은 주작이 그려져 있어 성문 앞 넓은 길을 주작대로라고 하며 육조와 관청들이 좌우로 있어 육조거리라고도 하였다.

● 광화문 천장의 주작도

세 개의 홍예문 바깥쪽 이맛돌에 새겨진 용조각은 각 방위에 따라 정면, 동쪽, 서쪽 방향을 응시하고 있다. 가운데 간은 임금과 왕비가 출입하였으며, 동쪽은 문신, 서쪽으로는 무신들이 드나들었다.

●광화문 밖 서쪽의 용조각 ●●광화문 밖 중앙의 용조각 ●●●광화문 밖 동쪽의 용조각

광화문의 안쪽에는 양 옆에 문루로 통하는 계단과 문이 있다. 문루는 정면 세 간, 측면 두 간으로 구성되어 있으며 중층의 우진각 지붕이다. 아래층은 기둥 사이를 개방하였고 위층은 여닫을 수 있는 판문을 두었다.

●문루로 오르는 계단
●●문루로 통하는 문

경복궁의 성문 이름
건춘문(建春門, 동문), 영추문(迎秋門, 서문), 광화문(光化門, 남문), 신무문(神武門, 북문)

02 해태

우직함과 충성스러움으로

부리부리한 눈망울과 단단한 뿔로 오늘도 말없이 경복궁 앞을 호위하고 있다. 시대가 변하고 자리도 변하였지만 변함없이 맡은 바 소임을 다하고 있는 해태는 조선 제일의 충신이 아닌가 싶다.

해태는 고대부터 전해오는 상상 속의 동물로 한자로는 해치라고 한다. 사람의 시비곡직을 판단하며 잘못한 사람은 뿔로 받아넘기는 정의의 동물이다. 궁궐 앞에 이 해태가 있는 까닭은 궁궐을 출입하는 백관들이 해태가 있는 곳에 와서는 말이나 가마에서 내려 스스로 가다듬고 경계하는 마음을 갖게 하려 함이다.

해태상은 광화문의 남쪽 사헌부 정문 앞(오늘날 정부 종합청사와 세종문화회관 사이)에 있었다고 하며 그 옆에는 마차나 말에서 내릴 때 쓰는 노둣돌이 놓여 있었다. 해태는 조선시대 사법기관인 사헌부와 관련이 있는데 사헌부 관원들을 치관이라 하였고 사헌부의 장(長)인 대사헌과 치관들은 관복에 해태 흉배를 하였다. 해태가 상징하는 옳고 그름을 판단하고 잘못한 사람을 벌주는 정의로움을 본받으라는 의미가 아닐까 싶다.

해태는 부리부리한 눈과 이빨을 드러내 놓고 무서운 표정을 하고 있지만 흉폭하다기 보다 듬직하고 귀여운 모습이 느껴진다. 큼직한 발로 버티고 앉아 있으며 머리 위에는 잘 보이진 않지만 뿔 하나가 있고 온 몸에는 비늘이 덮혀 있다.

지금의 해태상은 흥선대원군이 경복궁을 중건할 때 만들어 세운 것으로 조선 말 걸작품으로 꼽는다.

해태
해태는 한자로 해치라고 하며, 사람의 옳고 그름을 판단하여 옳지 못한 사람은 뿔로 받아 넘겼다고 하는 상상 속의 동물이다.

03 건춘문 建春門
청룡이 사는 곳

구름 속의 용이 신비로운 모습으로 서기를 내뿜고 있으나 지금의 건춘문은 문이 아닌 장식품이 되어 가고 있다.

경복궁의 정문인 광화문이 2층 문루로 되어 있는 것에 비해 건춘문, 영추문, 신무문은 단층 문루를 얹었으며 규격과 형태에 있어서도 비슷한 점을 가진다.

동쪽 방위는 봄(春), 청룡(靑龍) 등이 해당되어 경복궁의 동문 이름은 건춘문(建春門)이며 내부 홍예 천장에는 청룡도가 그려져 있다. 반대로 서쪽에 있는 서문은 영추문(迎秋門)이며 내부 홍예 천장에는 백호가 그려져 있다.

● 건춘문
●● 건춘문 천장의 청룡도

●문의 기능을 잃고 장식품이 되어 가고 있는 건춘문

건춘문의 문루는 문 안쪽 양 옆 계단을 통해 들어설 수 있는데 계단을 오르면 문루로 통하는 단문이 있다. 문에는 용과 구름을 부조하여 장식하였고 위쪽 부분은 홍예를 틀었으며, 아래쪽은 길죽한 돌로 튼튼하게 고였다.

건춘문의 홍예문은 두꺼운 나무로 만든 문짝을 달고 안으로 열고 닫게 하였다. 문을 닫을 때는 네모난 장군목을 가로질러 잠그었는데, 지금도 양 옆으로 그 흔적을 찾을 수 있다.

최근 건춘문의 안쪽 홍예 주위로 균열이 심각한데 문 밖 차량의 통행으로 떨림 현상이 일어나는 것인지, 무게의 분산이 올바르지 않아 일어나는 것인지 알 수 없으나 홍예의 무게가 전달되는 아래 부분 돌이 갈라지고 있다.

● 문루 양 옆의 계단에 올라 있는 단문
●● 빗장을 잠글 때 쓰는 장군목을 괴는 홈
●●● 균열이 심각한 홍예 아래 부분 돌

경복궁 내 문에 그려진 그림
네 문에는 각 방위에 맞게 호령하고 있는 동물상이 그려져 있는데 광화문에는 주작, 건춘문에는 청룡, 영추문에는 백호, 신무문에는 현무가 그려져 있다.

04 영추문 迎秋門
서쪽 일곱 별을 상징하는 백호가 사는 곳

백호는 서쪽 일곱 별인 규, 누, 위, 묘, 필, 치, 삼의 총칭으로 서쪽 방위에 있으면서 금(金)의 기운을 맡은 태백(太白)신을 상징하는 짐승이다.

영추문은 경복궁의 서쪽 문으로 영추문에서 근정전의 서쪽 행각까지는 궁궐 내 관청들이 상주해 있었다. 따라서 영추문으로는 궐내각사에 근무하는 관리들의 출입에 이용되었다. 일제 때 전철이 놓이면서 영추문까지 전철이 다녔는데 이로 인해 땅이 울리면서 영추문의 석축 등이 무너져 내렸다고 한다.

현재의 영추문은 광화문과 마찬가지로 콘크리트로 복원해 놓은 것이다.

● 영추문 안쪽

영추문의 천장에는 서쪽을 지키는 백호가 그려져 있으며 좌우측으로 문루에 오르는 계단이 있고 계단 위에는 문루로 통하는 문이 있다. 문틀은 전돌로 구워 쌓았으며 위쪽은 반원 형태로 생겼다. 문의 위쪽 전돌로 쌓은 부분에는 벽사 문양과 새 문양이 양각되어 있다.

● 영추문 문루로 오르는 계단

● 문루로 통하는 문

백호는?
서쪽의 일곱 별인 규, 누, 위, 묘, 필, 치, 삼을 상징하는 상상 속의 동물이다. 서쪽 방위에 있으며 금(金)의 기운을 맡은 태백신을 상징하기도 한다.

05 영제교 永濟橋
실용성과 상징성의 다리

영제교는 엄숙한 내부 공간과 외부의 일상 공간을 구분짓는 상징적인 다리로 법전(정전)인 근정전을 신성하고 지엄한 공간으로 만들고 있다.

다리는 발을 적시지 않고 물을 건너는 실용적인 의미와 공간을 구분짓는 상징적인 의미가 있다. 영제교는 이런 두 가지 의미를 지니며 홍례문과 근정문 사이, 서류동입하는 명당수에 있다. 영제교는 총독부가 들어서면서 수정전 앞쪽으로 옮겨졌다가 몇 해 전까지 근정전의 동행각쪽에 있었으며 홍례문과 물길을 복원하면서 본래 모습과 제자리를 찾았다. 그러나 아쉬운 것은 복원된 금천의 바닥이 획일적이고 옹졸하며 물이 흐르지 않는 가짜 물길로 복원되었다는 것이다.

● 영제교와 근정문
●● 영제교와 금천

영제교 아래로 흐르는 금천은 백악에서 발원한 물이
영제교의 서쪽으로 흘러들어 광화문과 동십자각 사
이 담을 거쳐 청계천으로 흘러 들어간다. 법전인 근
정전에서 조회가 열릴 때는 문무백관들이 다리 남쪽
에 도열해 있다가 문관은 다리의 동쪽으로, 무관은
서쪽으로 입장했다.

다리 형식을 보면 두 개의 홍예를 틀고 그 위에 돌을
다듬어 깔았으며, 양 옆으로 난간을 두었다. 난간의
끝으로는 용조각을 다듬어 올려놓았으며 다리 사방
으로는 네 마리의 서수가 삼엄한 눈빛으로 물길을 주
시하고 있다. 이러한 서수들은 물길을 타고 다리를
통해 잠입할지 모르는 잡귀들을 막아내어 법전인 근
정전을 신성하고 청정한 공간으로 만들고 있다.

● 다리 사방의 서수

영제교 앞으로는 홍례문 일곽이 복원되었는데 홍례
문이 복원됨으로써 광화문-홍례문-영제교-근정문-근
정전-사정문-사정전으로 통하는 경복궁의 중심축이
되살아났다.

● 홍례문과 행각

06 근정문 勤政門 일곽
법전으로 향하는 출입문

영제교를 건너면 그 모습도 위풍당당한 법전의 정문, 근정문을 만나게 된다. 이러한 근정문이 얼마 전까지는 굳게 닫혀 있어 정문 노릇을 하지 못하였는데 흥례문과 금천 등이 복원되면서 어깨를 펴고 제 역할을 하게 되었다.

근정문 옆으로 좌우행각이 있고 좌우행각은 다시 북쪽으로 꺾여 근정전을 감싸고 있다. 근정문으로 오르는 계단 가운데에는 소맷돌로 서수를 설치하고 그 가운데 답도를 배치하였다.
근정문으로는 임금만 통행하며 동쪽의 일화문으로는 문관이, 서쪽의 월화문으로는 무관이 통행하도록 하였다.

●문관이 출입하는 일화문
●●무관이 출입하는 월화문

근정전의 동서행각은 각각 42간인데 원래 가운데 네
모 기둥이 있는 부분이 칸막이 벽체로 막혀 있어 그
안쪽은 창고 등으로 쓰였으며, 남행각은 칸막이 없이
안쪽으로 연꽃 문양을 새긴 주련이 걸려 있었다. 지
금도 동서행각의 가운데 네모 기둥 부분을 살피다 보
면 칸막이가 있던 흔적을 찾을 수 있다. 동서행각에
있던 수많은 창고들은 일제가 근정전 주위 행각을 전
시실로 사용하기 위해 모두 헐었다고 한다.

● 행각의 칸막이가 있던 흔적
●● 근정전 동쪽 행각

동서행각의 동쪽에는 융문루가, 서쪽에는 융무루가
있으며 예전에는 융문루와 융무루 아래 공간을 이용
해 근정전을 통행하기도 하였다. 융문루와 융무루 남
북으로는 수많은 창고와 집무 공간들이 있었는데 대
개 사라지고 현재 몇몇만 복원되었다.

● 융문루로 오르는 계단
●● 융문루 아래 모습

07 근정전 勤政殿
백악과 인왕의 품에 있는 지엄한 공간

근정전은 경복궁의 법전(정전)으로 서울 도성과 궁성의 중심이며, 궁궐의 중심이 되는 건물이자 조선 500년 역사의 상징적 건물이다. 근정전 천장에는 황룡이 있는데 이 황룡을 중심으로 청룡, 백호, 주작, 현무의 사방신과 십이지신이 둘러싸고 있으며, 근정전을 중심으로 경복궁의 모든 전각이 구성되어 있다.

근정전 일대는 마당, 계단, 월대, 난간, 돌짐승 등의 구성 요소가 화강암으로 되어 있어 장관을 이루며 근정전의 처마는 안산인 백악산, 우백호인 인왕산과 조화를 이루고 있다. 근정전이라는 이름은 임금이 나라의 일을 처리함에 있어 안일을 경계하고 부지런히 백성을 위하라는 뜻으로 정도전이 지었다.

●동남쪽 행각에서 바라본 근정전

이름에 따른 전각의 위계
궁궐 내 전각은 이름에 따라 그 전각에 사는 사람, 그 전각의 신분과 위계를 알 수 있는데 그 순서는 다음과 같다.
_전(殿)-당(堂)-합(閤)-각(閣)-재(齋)-헌(軒)-루(樓)-정(亭)
예)근정전-함화당-재수합-경훈각-낙선재-기오헌-경회루-향원정

● 근정전 동남쪽 행각에서 바라본 근정전 모습으로 2층 처마와 백악산이 절묘하게 이어져 있다.

● 근정전 마당의 박석
●● 품계석
●●● 근정전 마당의 쇠고리

근정전 앞으로는 넓은 마당이 있는데 얇은 돌의 박석이 깔려 있고, 마당 가운데 있는 어도 좌우로 돌을 깎아 세운 품계석이 있다. 조회나 행사가 있을 때 예복으로 갈아입은 대소관료들이 품계에 따라 자신의 위치에 도열하였다.

또한 근정전 마당에는 동그란 모양의 쇠고리가 보인다. 이것은 행사를 위해 차양막을 칠 때 기둥을 세우고 그 기둥이 버틸 수 있도록 줄을 매는 것이다.

● 중앙 계단의 답도
●● 답도 주위 계단의 문양

근정전을 오르기 위해서는 두 개의 계단을 올라야 한다. 계단은 단순히 높은 곳으로 오르는 기능성을 뛰어넘어 상하의 구별을 뚜렷이 하는 동시에 위에 있는 공간을 이상화한다. 황제를 호칭하는 '폐하(陛下)'라는 말은 감히 황제를 직접 지칭하지 못하고 계단 아래 서있는 호위병을 부른 것에서 시작된 것이라 한다.

근정전의 남쪽 계단 중앙에는 구름 속에서 노는 봉황을 새긴 답도(踏道)가 있다. 봉황은 성군이 출현하여 나라가 태평하면 나타난다는 상상 속의 동물로 봉황을 새겨 놓았다는 것은 태평성대를 꿈꾸는 마음, 성군이 되기를 바라는 채찍질의 마음이 담겨져 있다. 제후인 왕의 궁궐에는 봉황 문양 답도를, 황제의 궁궐에는 용 문양 답도를 새긴 듯 하다. 경운궁에 가면 용 문양 답도가 놓여 있다.

봉황은?
봉황은 성군이 출현하면 나타난다는 상상 속의 새로 수컷을 봉(鳳), 암컷을 황(凰)이라고 한다.

● 어좌 뒤로 일월오봉병이 있다
●● 근정전 천장의 이룡희주 형상

근정전 내부에는 용상이 있고 그 뒤에는 다섯 봉우리, 해와 달, 붉은 소나무가 있는 일월오봉병이 놓여 있다. 일월오봉병(혹은 일월오악병)은 항상 임금이 계시는 곳 뒤에 놓인다.

천장 중앙 부분에는 두 마리의 용이 하나의 여의주를 놓고 희롱하고 있는 이룡희주의 형상이 조각되어 있는데 용의 발가락 개수가 일곱이다. 발가락이 다섯인 것은 오조룡이라 하여 왕을 뜻하고, 일곱인 것은 칠조룡이라 하여 황제를 뜻하지만, 언제 왜 근정전 천장에 칠조룡을 조각해 놓았는지는 밝혀지지 않고 있다.

● 근정전의 정
●● 근정전 월대 모퉁이의 드므

근정전 정면 좌우 모서리를 보면 이상한 청동 유물이 보이는데 대개 향로로 알고 있으나 이것은 왕권을 상징하는 정(鼎)으로 옛 사진을 보면 원래는 둥근 뚜껑과 긴 손잡이 같은 것이 달려 있었다. 1층 월대 모서리에도 역시 청동으로 된 솥 같은 것이 놓여 있다. 이것은 주요 전각의 모서리에 놓고 물을 담아 화마를 막는 주술적 도구로 사용한 드므이다.

드므
넓적하게 생긴 큰 독이라는 순수 우리말로 물을 담아 화재를 막는 상징적 도구로 사용하였다. 불을 일으키는 화마가 왔다가 물에 비친 자기의 모습을 보고 놀라 달아난다고 한다.

근정전 돌짐승_저마다의 소임을 충성스러움으로 묵묵히 지켜 가고 있다

08 근정전의 돌짐승
저마다의 소임을 충성스러움으로
묵묵히 지켜 가고 있는 …

근정전 천장의 황룡(黃龍), 용상의 임금을 정점으로 사방신과 십이
지신상, 서수 등이 각자의 자리에서 잡귀의 접근을 막고 근정전을
성스러운 공간으로 연출하고 있다.

근정전 계단을 오르면 넓은 월대가 2단으로 펼쳐지
며, 사방으로 돌난간이 둘러쳐 있다. 사방 12개의 계
단에는 한 쌍의 동물 석상들이 마주보고 앉아 있으며
모서리에도 상서로운 동물상이 놓여 있다. 또한 2층
월대 계단의 동서남북으로 사방신(청룡, 백호, 주작,
현무)이 각 방위에 맞게 놓여 있고 나머지 계단에 12
지신상이 놓여 있다.

12지신은 각 방위를 지키는 열두 신으로 그 중에 개,
돼지, 용은 있지 않으며 몇 개의 동물상은 각 방위와
다르게 놓여 있다. 각 동물상들은 짝을 이루어 쌍으

●좌청룡 ●●우백호 ●●●남주작 ●●●●북현무

● 12지신 중 뱀의 돌조각
●● 12지신 중 원숭이의 돌조각

로 놓여 있는데 그 모습이 사뭇 대조적이다. 하나가 일어서 있으면 하나는 웅크려 있고, 하나가 좀 험상 궂다 싶으면 하나는 온화하고, 서로 마주하고 있으면서도 응시하는 각도도 조금씩 다르다.

사방신과 12지신은 한 치의 빈틈도 없이 엄중하고 신성하게 근정전을 호위하고 있지만 돌짐승들을 자세히 살펴보면 그 표정들이 참 귀여우면서도 친근감을 준다.

● 월대 모퉁이의 쌍사자 가족
●● 월대 모서리의 서수
●●● 계단 소맷돌의 서수

사방신과 12지신 이외에도 월대 모서리와 계단 등에는 여러 돌짐승들이 사방을 경계하며 근정전을 호위하고 있다. 먼저 남쪽 1, 2층 월대 모퉁이에는 쌍사자 가족이 근정전 앞쪽 공간을 주시하고 있으며, 월대 모서리에는 서수가 빈틈없이 사방을 감시하고 계단을 오르는 곳에도 서수가 조각되어 있다.

방위에 따른 오행, 오상, 색, 오방신, 계절 보기
_중앙 : 흙(土), 신(信), 황색(黃色), 황룡(黃龍)
_동 : 나무(木), 인(仁), 푸른색(靑色), 청룡(靑龍), 봄(春)
_서 : 쇠(金), 의(義), 흰색(白色), 백호(白虎), 가을(秋)
_남 : 불(火), 예(禮), 붉은색(赤色), 주작(朱雀), 여름(夏)
_북 : 물(水), 지(知), 검은색(黑色), 현무(玄武), 겨울(冬)

09 동궁 東宮
떠오르는 새 기운이 머무는 곳

다음 조정의 국정, 나라의 번영과 안녕을 이끌고 책임져야 할 세자의 거처는 태양이 떠오르듯 동쪽의 새로운 기운을 받을 수 있도록 궁궐의 내전을 중심으로 동쪽(왼쪽)에 있다. 그리하여 세자가 거처하는 곳을 동궁이라 한다.

경복궁의 동궁은 일제에 의해 모든 전각이 파괴되어 있던 것을 얼마 전 비현각과 자선당 일곽을 보수하면서 그 모습을 짐작할 수 있도록 하였다.

비현각은 자선당 동쪽의 전각으로 세자가 공부를 하거나 대신들과 정사를 의논하던 공간이다. 원래 궁궐의 내전 건물은 바깥쪽 둘레를 친 후 안쪽에 공간을 꾸미는 이중 구조로 구성하나, 비현각을 자선당과 더불어 바깥쪽 둘레 없이 격식을 줄여 지었다. 비현각은 임진왜란 때 소실된 것을 고종 때 중건하였는데 다시 일제에 의해 파괴된 것을 얼마 전 복원하였다.

동궁 일곽 앞 전각 터

자선당의 앞쪽 빈터와 왼쪽으로는 세자 시강원이던 춘방, 경호의 역할을 담당하는 계방 등의 관서가 있던 곳이나 지금은 잔디로 덮혀 있고 일부 주춧돌만 보인다.

자선당은 두 개의 담장과 문을 지나 들어서게 되는데 문의 형태가 교태전의 양의문과 비슷하나 규모와 색에 있어 차이가 난다. 한번씩 접히며 양쪽으로 펼쳐지는 문은 경첩과 장식 등의 생김이 무척 짜임새 있고 아기자기해 탁월한 미적 감각을 보여 준다.

자선당은 세자와 세자빈의 거처로 쓰이던 공간으로 주위를 둘러싸고 있는 행각에는 시중을 드는 상궁과 나인들이 거처하였다. 동궁 일곽은 이 자선당을 중심으로 구성되었으며 얼마 전 복원되어 우리에게 그 모습을 보여 주고 있다. 내부에는 당시의 모습을 짐작할 수 있도록 구성물을 배치하였는데 이곳에서 생활하던 세자는 조선의 마지막 황제인 순종이 유일하다.

● 자선당
●● 자선당으로 통하는 두 개의 문
●●● 미적 감각이 돋보이는 문의 생김
●●●● 자선당 방의 내부 모습

동궁 일곽은 일제에 의해 해체되어 일본인에게 팔려 반출되었다. 그 중 자선당은 오쿠라라는 사람이 자기 집 정원의 사설 박물관으로 삼았다가 관동대지진 때 건물은 불타 없어지고 주춧돌만 남았다. 그나마 주춧돌은 되돌려 받게 되어 1995년 경복궁으로 돌아왔지만 향원지 동북쪽 빈터에 초라한 모습으로 남아있다. 이 주춧돌은 불을 먹어 제 구실을 할 수 없는 상태이다.

● 원래의 자선당 석재

10 수정전 修政殿
세종 때 집현전으로 사용한 곳

수정전은 세종 때 집현전으로 사용하던 곳으로 세종이 늦은 밤 집현전을 방문했을 때 늦게까지 일하다 잠든 신숙주에게 곤룡포로 덮어 준 일화로 유명한 곳이다.

근정전을 지난 사람들은 뚫려 있는 서쪽 행각을 통하거나 사정전 서쪽 문을 통해서 경회루로 이동하는 경우가 많다. 그래서 경회루 앞에 제법 큰 규모의 수정전에 시선을 두는 경우는 드물다. 수정전은 정면 10칸, 측면 4칸 총 40칸 규모의 큰 건물로 전면부에는 넓게 월대가 놓여 있다.

수정전을 시작으로 서문인 영추문까지 넓은 공터에는 궁궐에 들어와 있는 관서(궐내각사)들로 가득 차

경복궁 중건(고종) 후 궐내각사의 구성
승정원(왕명출납기관), 선전관청(왕의 경호관청), 빈청(대신들의 회의 공간), 대
전장방(내시들의 공간), 내반원(내시들을 통솔하는 기관), 검서청(규장각 전문위
원인 검서관 청사), 옥당(왕과 학문, 정치 토론장), 내각(학문과 서적 관리), 내의
원 등이 있었다(참고로 경복궁 창건, 임진왜란 이후, 고종의 경복궁 중건 등 시기
에 따라 그 구성은 달라진다).

있던 곳이다. 이런 궐내각사 건물들은 일제에 의해
뜯겨지면서 빈터가 되었으며 지금 우리들 또한 궁궐
을 단순히 왕의 공간으로만 인식하는 오류를 범하기
도 한다.

지금도 궐내각사가 있던 빈터에는 전각에 쓰였을 석
재 등을 찾을 수 있으며, 수정전에도 옆 건물 등과 연
결되었을 행각의 흔적이 있다. 수정전의 측면 뒤쪽을
보면 목재를 끼웠던 홈이 파져 있는 것을 발견할 수
있다. 참고로 수정전의 동쪽은 사정전 서쪽 행랑, 서
쪽은 대전장방과 담을 사이로 연결되어 있었다.

● 옆 전각으로 이어지는 목재를 끼웠던 홈으로 자세히 보면 목재의 잔재도 볼 수 있다

수정전은 기단을 높게 쌓아 권위를 살리고 더운 여름
을 시원하게 하는 냉방 장치의 역할을 했으며, 기단
의 측면에는 아궁이, 건물 뒤편에는 굴뚝을 2개 두어
난방도 대비하고 있다. 근대에 들어서 수정전은 고종
때 정사를 의논하는 편전, 군국기무처 등의 내각 청
사로 사용되기도 하였다. 건물의 이력을 통해 궁궐의
참모습을 조금이나마 상상할 수 있는 소중한 공간이
바로 수정전인 것이다.

● 수정전 뒤 굴뚝
●● 수정전 계단에 놓인 노둣돌

수정전 앞 계단에는 이상한 'ㄴ'자 모양의 석재가 놓
여 있는데 가마나 말에서 내릴 때 사용하던 노둣돌이
다. 몇 년 전만 해도 그 노둣돌 근처에 커다란 나무가
자라고 있었는데 지금은 원래 모습에 따라 나무를 없
앴다.

11   경회루 慶會樓

웅장함 속에 숨은 우주의 이치

경회루는 왕과 왕실, 신하는 물론 외국 사신들에게까지 그 모습이 널리 이야기되는 아름다운 공간이었으며, 주역(周易), 우주의 이치가 담긴 하늘 위 신선 세계로 형상화하고 있다.

경회루는 경복궁을 찾는 사람들이 가장 많이 찾는 공간으로 사정전의 서쪽, 근정전의 서북쪽에 있다. 네 모난 연못에 두 개의 작은 인공 섬이 있으며 동쪽에서 누각으로 통하는 세 개의 다리가 있다. 경회루는 사신 접대, 공식적인 연회 등이 열리던 공간으로 웅장하면서도 섬세한 뜻이 담긴 아름다운 공간이다.

● 경회루

경회루는 이층 누마루 집으로 아래층은 돌기둥을 세우고 우물 천장에 화려한 단청을 하였으며, 위로 오를 수 있는 계단을 마련하였다.

이층 누마루는 마루를 깔았는데 높이에 차등을 두어 중앙부 세 간이 가장 높고, 다음 12간이 조금 낮고, 바깥 20간이 가장 낮다. 이런 구조는 어느 곳에서나 주변 경치를 감상할 수 있을 뿐 아니라 중앙 3간은 정당(正堂)으로 천지인(天地人) 삼재(三才)를, 3간의 기둥 여덟 개는 팔괘를, 다음 12간은 헌(軒)으로 1년 12개월을, 바깥 20간은 회랑(廻廊)으로 기둥이 24개인데 24절기를 뜻한다.

이밖에도 기둥 길이, 서까래 수효, 연못의 형상, 아래층 기둥의 모양 등 경회루는 단순한 휴식과 연회의 공간이 아닌 하늘과 땅, 우주의 이치를 담으려 한 철학적 사유의 산물이다.

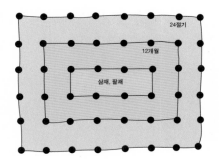

●경회루 정면 ●●1층의 돌기둥과 우물 천장 ●●●경회루 2층 누마루

경회루는 임금의 처소인 강녕전에서 임하는 것이 정식 경로로 예전부터 사방으로 담이 쳐져 있고 문이 달려 있었다. 얼마 전 사방 주위로 담장을 복원하였다. 경회루의 다리는 동쪽을 향해 놓여 있는데 이는 경회루의 접근 경로를 알 수 있게 해준다. 또한 경회루 사방으로는 돌난간을 설치하였으며 다리 위에는 상서로운 돌짐승 등을 놓았다.

경회루 관람은 관람여부가 궁궐의 상황에 따라 바뀌기도 하지만 보통 매표소에서 경회루 관람표를 구입한 후 정해진 시간에 경회루 입구를 통해 관람할 수 있으며, 2층 누마루에 올라 경복궁의 모습을 두루 감상할 수 있다.

●침전 일곽 담장에 있는 문 ●●경회루 돌 난간의 서수

●경회루 북쪽의 정자 ●●복원 전 경회루 담장의 흔적

12 사정전 思政殿
생각하고 또 생각하고

구름 속에 가려 보일 듯 말 듯 신비로운 모습을 하고 있는 용은 상
서로운 기운을 내뿜고 있다. 용과 구름의 관계처럼 왕과 신하는 조
화와 균형으로 정사에 임해야 한다는 상징적인 의미를 표현하고
있다.

●사정문
●●사정문 좌우로 펼쳐진 창고 중 우(宇)자고
●●●사정전 동쪽으로 있는 방의 툇마루

근정전 뒤로 돌아서면 사정전(思政殿)을 만나게 된다. 근정전이 임금에게 부지런한 정치를 원하는 마음으로 지어졌다면, 사정전은 백성을 생각하고 또 생각하는 마음으로 정치를 하라는 마음으로 이름지어졌다. 사정전의 정문인 사정문(思政門) 좌우로는 '천자고(天字庫)', '지자고(地字庫)' … 순으로 창고가 이어져 있으며 사정전 일곽의 동서로 툇마루가 있는 방들이 있다.

●사정전 내부 어좌와 천룡도

사정전은 임금의 집무실(편전)로 왕이 아침에 출근하여 퇴근할 때까지 거처하며 신하들과 정사를 논하던 곳이다. 왕의 하루 일정은 우리가 알고 있는 것과는 다르게 무척 빠듯하여 해뜨기 전 웃어른들에게 문안 인사하는 것으로 시작하여 경연, 조회, 일상 업무, 강연 등 쉴 새 없이 바쁜 일정이다. 행여 왕에게 병이라도 생기거나 정사를 잠시라도 돌보지 않으면 결재해야 할 문서들이 눈덩이처럼 불어나는데, 과중한 업무가 조선 왕들이 단명한 가장 큰 이유다. 게다가 운동 부족 등으로 등창, 피부병 등에 시달리기도 하였다. 절대 왕권을 구축해 모든 권력이 왕을 중심으로 이루어졌지만 많은 일을 처리해야 하는 것이 조선의 왕이다.

TV 드라마나 소설책에 등장하는 팔자 좋은 임금을 궁궐에 가서 이야기하는 것은 그야말로 무지에서 나오는 소리이며 그 본모습을 모르고 하는 소리이다.

사정전 일곽은 총 3채의 중심 전각으로 이루어져 있는데 사정전 좌우로 동쪽에는 만춘전(萬春殿), 서쪽에는 천추전(千秋殿)이 자리하고 있다. 세 전각은 모두 행각으로 연결되어 땅을 밟지 않고 이동할 수 있었으며, 사정전에 온돌시설이 없어 계절마다 동온돌(만춘전), 서온돌(천추전) 등으로 옮겨 거처하였다.

보편적인 왕의 하루 일과
기상(해가 뜨기 이전) - 웃어른에 대한 문안 인사 - 경연(해가 뜰 무렵) - 아침 - 조회 - 조계(업무보고) - 점심 - 주강 - 관료 접견, 민원 업무 - 야간 숙직 관료 확인 - 석강 - 야간 집무 - 문안 인사

13 강녕전 康寧殿
자연의 순리를 따라 마음을 닦는 곳

강녕전은 왕의 침전으로 의식 행사를 치르는 정전인 근정전, 공식 집무를 보던 편전인 사정전에 비해 일상생활을 하는 곳이다. 불편한 곤룡포가 아닌 평상복으로 갈아입고 신하들과 만나 속 깊은 이야기를 나누기도 하고 휴식을 취하기도 하였던 곳이다.

강녕전 일곽은 5채의 전각을 중심으로 이루어져 있는데 강녕전을 중심으로 동쪽 뒤편부터 연길당, 연생전, 강녕전, 경성전, 응지당의 전각이 있다.

천지 자연의 이치가 봄에는 생겨나고 가을에는 이루게 되므로 강녕전 좌우 소침전의 이름은 연생전(延生殿)과 경성전(慶成殿)으로 지었으며 그 곳을 옮겨가며 자연의 순리를 따르게 된다.

왕실의 호칭
_대군(大君) : 왕비 소생의 왕자, 군(君) : 후궁소생의 왕자
_공주 : 왕비 소생의 딸, 옹주 : 후궁의 몸에서 태어난 딸
_대원군 : 후사없이 왕이 승하할 경우 방계에서 왕위를 계
  승하며 그 왕의 아버지를 칭하는 말
_부원군 : 왕비의 아버지, 즉 왕의 장인과 친공신에게 주
  던 칭호

1917년 창덕궁 내전에 큰 불이 나면서 이를 복구하기 위해 원래 강녕전 건물을 창덕궁으로 옮겨 희정당이 되었으며 지금의 강녕전은 근래 복원한 건물이다.

경성전 뒤로는 식수로 사용한 듯 우물이 하나 놓여 있다. 그런데 우물을 감싸고 있는 석재와 뚜껑 형태 등이 범상치 않다. 또한 팔각 모서리로는 홈이 파져 있어 예전에는 기둥을 세워 우물을 보호하는 지붕 등이 있었던 것 같다.

● 연길당
●● 연생전
●●● 경성전
●●●● 응지당
●●●●● 경성전 뒤 우물

14 교태전 交泰殿
음과 양이 만나 조화를 이루고

태(泰)는 주역의 괘 이름으로 태 괘는 아래가 건(乾, ☰), 위가 곤(坤, ☷)으로 되어 있다. 건 괘는 하늘, 남자, 위로 솟음, 양 등을 상징하며 곤 괘는 땅, 여자, 어두움, 아래로 가라앉음 등을 상징한다. 따라서 음양, 남녀가 서로 마주하여 교합(交合)하는 조화를 이루고 생산을 잘하라는 뜻이 담겨 있다.

구중궁궐이라는 말을 하는데 궁궐 가운데서도 가장 깊고 은밀한 곳에 있는 것이 왕비가 사는 중궁전, 중전(中殿)인데 교태전이 경복궁의 중궁전이다. 원래 교태전은 창덕궁 화재 때 그 곳으로 옮겨져 창덕궁의 침전인 대조전이 되었으며 지금의 교태전은 근래에 복원한 것이다.

전각의 지붕에서 가장 높은 곳에 놓는 마루를 용마루라고 하는데 침전으로 사용하는 강녕전, 교태전에는 용마루가 없다. 그 이유는 정확하지 않으나 하늘과 땅의 기운, 음양의 교합에 방해가 되어 없앴다는 설이 있다.

교태전의 정문은 양의문으로, 음과 양의 뜻이 강녕전
일곽의 다섯 전각(오행, 오상) 등의 우주원리로 표현
되고, 사정전, 근정전의 정치 공간으로 이어지도록
하는 의미가 있다. 음양오행, 자연과 우주의 원리로
통치하여 세상 이치에 어긋나지 않는 정치를 하라는
의미도 포함한다.

● 양의문

교태전은 왕비의 침전인 여성 공간으로 정문인 양의
문, 굴뚝, 담장, 아궁이, 난간 등의 형태에서 세밀하고
섬세한 모습을 하고 있다. 굴뚝이나 담장은 붉은 벽
돌과 벽사 문양 등으로 잡귀의 접근을 막으며, 양의
문은 여닫는 대문이 아닌 경첩 등을 달아 한번 접어
여는 형식을 취한다. 중궁전이며 왕자를 생산하고 종
사를 잇는 가장 중요한 공간인 교태전에 그만큼 정성
을 다하고 세심한 배려를 하고 있는 것이다.

교태전의 동쪽에는 원길헌, 서쪽에는 함홍각, 뒤쪽으
로는 건순각 등이 교태전과 붙어 일곽을 이룬다. 또
한 정문인 양의문의 좌우로 승순당, 보의당 등의 처
소들도 함께 있어 교태전이 많은 수의 사람들을 필요
로 했던 공간임을 알 수 있게 한다.

● 벽사 문양이 있는 굴뚝
●● 반월문 형태의 아궁이문
●●● 양의문 경첩
●●●● 교태전 주위 담장

15 아미산
떨어지는 노을과 달을 머금는 곳

백두대간의 한북정맥이 북한산, 백악산으로 이어지고, 그 기운이 경복궁 내 아미산으로 이어지고 있다. 그 기운을 받아내어 왕자를 생산하고 종사를 이어 왕조의 번영을 꾀하는 이치이다.

아미산은 경회루를 조성할 때 나온 흙으로 쌓은 인공산으로 명의 '화타'가 살았던 중국 산동성의 명산 이름에서 따왔다. 우리나라 방방곡곡에는 아미산이라는 이름의 산이 많이 있는데 이것은 마마를 옮기는 병마가 아미산이라는 소리를 듣고 접근하지 못하도록 하는 의미도 있다고 한다.

조그만 언덕인 공간에 아미산이라는 이름을 짓는 것이 우습기도 하지만 화강암으로 된 석조물에 낙하담(落霞潭), 함월지(含月池)라는 이름을 새겨 넣어 연못을 만들고 괴석을 놓아 절경을 만들었으며 화계에는 각종 아름다운 꽃과 풀 등을 심어, 연못과 기암, 화초 등이 어우러진 신성스러운 공간을 연출하고 있다.

● 낙하담
●● 함월지

낙하담은 노을이 떨어지는 깊은 웅덩이, 함월지는 달을 머금은 연못이라는 뜻이 있다. 작고 투박해보이는 석조물에 이름을 지어 생명력을 불어넣고 사물과 그 주위 공간을 아름답게 하고 있다.

화계 윗단으로는 굴뚝 네 기가 서 있는데 숯을 때서 나온 연기가 땅 속을 지나 화계 위 굴뚝으로 이어진다. 굴뚝의 형태를 보면 붉을 벽돌을 육각형으로 쌓아 기와를 얹고 연가(煙家)를 얹었다. 또 그 면면에 귀면, 봉황, 벽사 문양, 십장생, 사군자, 만자문 등을 구워 박아 넣었다. 굴뚝을 멀리 두어 연기도 잘 나가고 집안으로 연기가 드는 것을 막는 효과가 있으며, 자칫 지저분해지기 쉬운 굴뚝에 장식과 상징적인 문양을 넣음으로써 오히려 아름답고 신비로운 공간으로 연출하고 있는 것이다.

● 아미산의 굴뚝
●● 도깨비 문양
●●● 맥 문양
●●●● 박쥐 문양
●●●●● 봉황 문양

16 자경전 慈慶殿
고귀함, 정정함을 축원하며

왕실의 웃어른이자 여성이 살던 자경전은 화려하고 아름다운 무늬와 길상 문양, 흙을 구워 만든 그림을 꽃담에 박아 넣어 그 예와 도리를 다했다.

교태전의 동북 방향에 자경전이 있다. 자경전은 대비전으로 조선 말 대왕대비였던 신정왕후가 거처했던 곳이다. 자경전은 정면 10간, 측면 4간 규모로 전각의 서쪽 뒤편은 복안당, 동쪽 누마루는 청연루, 그 옆 전각은 협경당이다. 협경당은 담장으로 막혀 있고 별도의 문을 통해 들어서야 한다.

● 자경전과 청연루
●● 협경당

자경전은 여성의 공간이자 대왕대비를 위해 정성을
들인 전각으로 붉은 색의 아름다운 꽃담이 있다. 특
히 서쪽 담장으로는 사군자, 모란 등의 식물 문양, 글
자를 형상화한 것, 여러 벽사 문양 등이 새겨져 있다.

자경전 담장의 글자
북쪽과 서쪽 담장에 글자가 새겨져 있는데 전각에 사는 분이 성인의 도리를 지켜
살게 하고 귀하게 장수하시며 즐거움과 강건함을 오래 누리시라는 뜻이다.
_북쪽 담장 : 성(聖), 인(人), 도(道), 리(理)
_서쪽 안 담장 : 천(千), 귀(貴), 만(萬), 수(壽)
_서쪽 바깥 담장 : 낙(樂), 강(彊), 만(萬), 년(年), 장(長), 춘(春)

● 자경전 서쪽 담장
●● 서쪽 담장에 있는 매화 문양

자경전 주위 담장과 행각에는 모두 7개의 출입문이
있으며 정문은 남행각에 있는 만세문이다. 그리고 원
래 자경전과 청연루는 작은 담장으로 막혀 있었다고
한다. 동쪽으로 들어서려면 봉황 문양이 새겨지고 전
돌로 쌓은 반월문을 통해야 한다.

● 자경전 정문 만세문
●● 동쪽 담장의 반월문

17 자경전 십장생 굴뚝
답답하고 좁은 공간을 신선의 세계로

구름 사이로 붉은 해가 솟아 있고 소나무 그늘 아래로 학과 사슴이 뛰노는 곳, 여러 동물과 식물 등은 네모진 단순한 영역을 청정하고 아름다운 공간으로 형상화하고 있다.

궁궐에 갇혀 살아야 하는 왕실 가족, 그 중에서도 여성들은 많은 시간을 자신의 처소에서 생활하는 경우가 대부분이다. 그러다보니 여성들의 기거하는 전각에는 아름다운 꽃담, 화계 등을 조성하고 전각의 작은 부분에도 세심하게 꾸미고 장식하는 경우가 많다. 자경전의 십장생 굴뚝은 이런 여성 공간의 대표적인 것으로 협소한 뒤쪽 공간을 전혀 다른 공간으로 탈바꿈시키고 있다.

십장생 굴뚝은 화계를 설치할 수 없는 협소한 공간에
담장을 두르고 그 벽에 십장생을 새겼다. 또한 아궁
이의 연기가 땅 속을 지나 담장의 집 모양 연가로 빠
져나가게 했다. 협소한 공간을 담장, 굴뚝, 신선이 살
만한 상서로운 공간으로 승화시킨 것이다.

● 연꽃 문양
●● 소나무 문양

십장생 굴뚝에는 십장생 외에도 여성의 다산을 염원
하는 포도 문양 등이 새겨져 있다. 위 아래로는 귀면,
영지를 문 학, 맥 등을 새겨놓음으로써 이 곳을 청정
한 선인들의 공간으로 만들어내고 있다.

● 학 문양
●● 귀면 문양
●●● 맥 문양

십장생
불로장생(不老長生)을 상징하는 10가지 사물로 민간신앙 및 도교에서 만들어졌
다. 해[日]·달[月]·산(山)·내[川]·대나무[竹]·소나무[松]·거북[龜]·학(鶴)·
사슴[鹿]·불로초(不老草)를 말한다. 영원불멸한 자연물과 깨끗한 동·식물 및
상상의 산물인 불로초로, 이상세계에 대한 열망을 나타낸 것으로 여겨진다. 십장
생은 하나의 관념을 넘어 궁중에서 민간에 이르기까지 생활과 사상의 형성에 영
향을 주었다. 가구나 장식품의 무늬로도 이용했는데, 모두 불로장생을 바라는 뜻
을 나타낸 것이었다.

18 집경당 緝敬堂, 함화당 咸和堂
색바랜 단청에서 묻어나는 옛스러움

주위로 행각을 거느리고 앞으로도 여러 채의 전각과 어울려 있던
집경당과 함화당은 이제 넓은 공터에 돌만 남아 서로를 의지한 채
세월을 아쉬워하는 모습으로 남아 있다.

교태전의 아미산을 뒤로 하고 나오면 향원정까지 넓
은 공터가 이어지는데 이 곳은 현재 남아 있는 집경
당, 함화당을 비롯해 흥복전, 광원당, 영훈각, 다경각
등의 전각이 있던 자리이다. 흥복전을 비롯한 전각들
은 일제시대를 거치면서 뜯겨졌으며 집경당과 함화
당의 주변 행각도 모두 사라졌다.

● 집경당
●● 함화당

자경전을 나서 집경당과 함화당으로 향하다 보면 민속박물관 못미처 길 옆으로
전각 하나가 외로이 있다. 이 전각의 이름은 재수합으로 최근 복원공사가 시작되
어 한참 진행 중이다. 옛 주인에게 사랑받았을 전각일 텐데 지금은 많은 이들이
무심코 스치고 지나며 눈길 한번 주지 않으니 무척 섭섭하지 않을까.

집경당과 함화당은 3간의 이동 행각으로 연결되어
있는데 아래는 개방되어 통행할 수 있도록 하였다.
이 곳의 모습을 보면서 수정전이나 사정전의 이동 행
각 모습을 짐작해 보는 재미를 느껴보는 것은 어떨까
싶다. 집경당과 함화당은 측면이 돌출된 형태로 비슷
한 모습을 하고 있으나 집경당의 규모가 조금 크다.
건물이 꺾이는 부분에는 시선이 모이고 계단도 있어
사람이 출입할 수 있는데 그 곳에 벽사 문양을 새겨
넣음으로써 미적인 멋과 더불어 건물을 신성하게 하
고 있다.

● 집경당과 함화당을 잇는 이동 행각
●● 전각 모서리의 벽사 문양

궁궐에 가면 형형색색 화려하고 웅장함에 놀라 입을
다물지 못하는 경우도 있으나 작고 사소한 것에 감탄
할 때도 많이 있다. 지금의 집경당과 함화당은 보수
를 하기 전이라 부분부분 단청이 벗겨지고 곰팡이마
저 슬어 자칫 초라해 보일 수 있지만 보물찾기라도
하듯 그 세월의 흔적을 찾아 예뻐해 주고 싶다. 이런
느낌은 아마도 보수가 마무리되어 가는 경복궁에서
이런 맛을 느끼게 해주는 곳이 그리 흔치 않기 때문
은 아닐까.

● 집경당의 누마루 초석으로 이동 행각의 흔적이 있다.
●● 문짝을 걷어 올려 걸던 고리
●●● 곰팡이가 슬어도 예쁘고 아름다운 문창살

19 향원지, 열상진원
네모진 연못, 둥그란 섬

열상진원에서 솟은 맑고 차가운 물은 반 바퀴를 돌아 서류동입하
는 명당수가 되어 연지에 파장을 일으키지 않고 조용히 스며든다.

방형(사각형)의 연못에 원형의 섬이 있는 향원지는
천원지방(天圓地方)의 설화인 하늘은 둥글고 땅은 네
모지다는 개념에서 따온 것으로 우리나라 연못 조형
의 기본 원리가 되고 있다. 또한 연못이란 연꽃이 자
라는 못이라는 뜻으로 연꽃이 자라고 있어야 한다.
연꽃이 자라는 네모난 연못에 둥그런 섬이 있고 섬
안에 정자가 있는 향원지는 연못 조형의 기본 원리를
실제로 볼 수 있는 곳이다.

● 향원지

전통 연못의 기본 조형 제도
방형(네모) 연지에 둥그런 섬을 조성한다. 물에는 연꽃을 심는데 연꽃은 군자의
도리를 말해 준다 하여 옛 사람들이 좋아했다.

향원지의 서북쪽 모퉁이에는 차고 맑은 물의 근원이라는 '열상진원'이 있다. 열상진원에서 솟은 샘물은 동그란 수조에서 반바퀴를 돌아 서류동입하는 명당수가 되고 다시 좁은 수로를 따라 향원지로 스민다. 이렇게 방향을 바꾸고 좁은 수로를 통하는 동안 차고 거센 물결은 수온이 적당히 상승하고 물결도 부드럽게 바껴서 향원지로 흘러들어 물결에 파장을 일으키지 않고 항상 고르고 잔잔한 수면을 유지시켜 주는 것이다.

열상진원에서 솟는 물은 차고 깨끗해서 건청궁의 식수로 사용되기도 했는데 무거운 돌덮개로 덮고 주위에는 이물질이 스며들지 않도록 홈을 팠으며 뒤로는 축대를 쌓아 일대를 깨끗하고 정갈한 공간으로 만들었다.

대한제국 당시 미국의 에디슨전기회사는 향원지의 물로 증기기관을 돌려 전깃불을 밝히기도 하였는데 물을 끌어다 불을 밝힌다 하여 물불이라고도 하고 고장이 잦아 불이 꺼졌다 켜졌다 하여 건달불이라고도 하였다 한다.
향원지 북쪽에는 명성황후가 시해 당시에 머물렀던 건청궁이 있었으며, 그 곳에서 시해된 명성황후는 동쪽 녹산에서 불태워진 후 향원지에 뼈조각이 던져졌다고 한다.

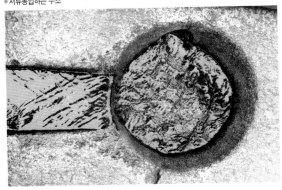

●서류동입하는 수조

●열상진원

20 향원정 香遠亭
정자에 올라 그윽한 연꽃 향기에, 아름다운 주위 풍경에 취하고 싶다

멀리 보이는 육모 정자인 향원정은 연못 주위를 맴도는 나에게 이상향의 섬처럼 마음을 충동질한다. 당장이라도 저 다리를 뛰어 향원정에 올라 문을 열어 젖히고 그 아득함에 취하고 싶다.

경회루가 웅장하고 비교적 공적인 연회 공간이었다면 향원정은 아늑하고 왕실을 위한 사적 휴식 공간이다. 향원정은 고종 때 취로정이라는 정자가 있던 곳에 새로 건립한 것으로 추정하고 있다. 향원정은 정육각형의 육모 정자이며 2층으로 되어 있는데 아래층은 온돌을 들여 난방할 수 있게 하였으며 위층에는 화려하게 난간을 둘러 그 멋을 더하였다.

● 향원정 ●● 향원정의 2층 난간

향원지 북쪽에 있던 건청궁 일곽에서 향원정으로 향
하는 곳에 취향교가 놓여 있었으나 한국전쟁 당시 파
괴되고 현재는 남쪽에서 향원정으로 이어지는 곳에
취향교가 있다. 취향교는 돌로 교각을 만들고 그 위
에 나무다리를 놓았는데 다리를 걷거나 다리 가운데
잠시 멈추어 서서 주위를 둘러본다고 상상만 해도 멋
진 다리이다. 취향교가 원래 놓여져 있던 향원지와
섬의 북쪽에는 계단 등을 발견할 수 있으며 향원정을
둘러싸고 있던 난간의 돌기둥도 볼 수 있다.

●취향교 연꽃 봉우리 난간 기둥
●●향원정을 감싸고 있던 난간의 돌기둥

●●●취향교 난간

21 동십자각 東+字閣
궁궐 주위를 감시하던 망루에서
서러운 눈요기거리로 전락하다

천덕꾸러기처럼 궁성 담장과 떨어진 동십자각은 성을 지키는 망루에서 지나는 행인들의 눈요기감이 되어 처량하게 도로 한복판에서 있다.

궁성 동남쪽 모서리와 서남쪽 모서리에는 망루에 해당하는 십자각이 있었으나 남쪽 궁성이 축소되면서 서십자각은 사라지고 동십자각은 지금의 모습처럼 길 가운데 홀로 떨어진 신세가 되었다. 동십자각은 가까이 다가서면 멀리서 볼 때와는 다르게 그 규모가 웅장하고 당당한 모습을 하고 있다.

● 경복궁 동남쪽 모서리의 동십자각

동십자각_ 궁궐 주위를 감시하던 망루에서 서러운 눈요기거리로…

동십자각의 옆쪽을 보면 문루로 통하는 문이 있고, 문으로 오를 수 있는 계단의 흔적이 있다. 십자각은 담장 모서리에 있으면서 번을 서는 수병들이 올라가 망을 보았다. 문루로 통하는 문은 별다른 장식없이 담백하고 질박하게 화강암의 느낌을 잘 표현하였다. 중간 부분에는 물이 흘러내릴 수 있는 장치가 마련되어 있으며 당초 문양 등을 세심하게 다듬어 놓았다. 문루의 기둥은 둥글게 깎아 세웠고 기둥과 기둥 사이에는 구름 문양을 조각한 후 단청을 칠해 그 멋을 더했다.

따로 떨어져 있어 무슨 건물인지, 어떤 건물이었는지 관심을 갖는 사람은 그리 많지 않겠지만 부분부분을 살펴보면 섬세하고 장식적이면서도 당당하고 질박한 멋이 서려 있다.

머릿속에서 도로를 지우고 궁성과 십자각이 이어진 모습을 상상하거나 십자각 안에서 일어났을 수많은 사람들의 발자취를 생각해 보는 것만으로도 즐겁지 않은가.

● 문루로 통하는 문
●● 물받이 돌
●●● 문루아래 장식
●●●● 기둥사이 구름 문양

창덕궁 昌德宮
후원의 신비로움

산언덕에 자리잡아 나무와 함께하는 작은 정자, 그 곳에서 연지를 내다보고 새소리를 들으며 시를 짓고 글을 읽었을 옛 사람을 생각하면 벅찬 감흥이 밀려온다. 조선 궁궐 중 가장 오랫 동안 정사를 펼치고 조선의 마지막 임금과 왕가의 식구들이 머물렀던 창덕궁은 시대의 흔적이 가장 많이 남아 있어 둘러보는 것만으로도 그 역사를 읽을 수 있는 곳이다.

금천교_물길의 북쪽

22 돈화문 敦化門
문 하나 사이로 소음은 사라지고

돈화문 앞으로는 2단의 월대가 있었고 앞으로는 넓은 공간이 펼쳐져 있었다. 또한 금천에서 흘러내린 물이 도랑을 이루어 동쪽 행각 아래를 지나 담장을 끼고 흘렀다. 그러나 지금은 앞쪽으로 도로가 열려 옹색하게 월대가 놓였고 도랑 또한 온데간데 보이질 않는다.

원래 돈화문 앞으로는 2층의 월대가 있고 월대 아래로는 말에서 내릴 때 사용하는 노둣돌과 말고삐를 묶는 나무가 있었다. 그러던 것이 일제 초기 왕과 총독부 고관들이 자동차를 타면서 월대를 땅 속에 묻고 문과 평평하게 하였다. 1997년 협소하게나마 2층의 월대를 복원하여 오늘에 이르는데 창덕궁 앞으로 있는 도로 아래로 어설프게 계단과 소맷돌이 놓이고 월대가 조성되었다.

● 옹색하게 복원된 월대 계단

돈화문은 정면 5간, 측면 2간의 10간 짜리 건물로 가운데 세 간은 문짝이 달려 있고 가장자리 두 간은 막혀 있다. 문짝이 달려 있는 세 간의 문 중 왕만 다니는 가운데 문이 규모가 조금 크다.

제후인 왕이 사는 궁궐은 3문의 형식을, 황제의 궁궐은 5문의 형식을 취하는데 권위를 세우고자 기둥은 5간을 두었으나 차마 5문을 취하지 못하고 가장자리 두 간은 막은 것이 아닐까 싶다. 이러한 모습은 다른 궁궐에서는 찾아볼 수 없으며 유독 창덕궁의 돈화문만 5간의 형식을 취하고 있다.

● 돈화문 정면
●● 돈화문 안쪽

돈화문은 2층으로 되어 있는데 2층 마루는 문 안쪽 계단을 통해 오를 수 있도록 하였다. 2층 마루에는 큰 종이 달려 있어 아침저녁으로 인경을 쳤다는 기록이 있으며 비상시 위급을 알리도록 하였다 한다.

● 2층 마루로 오르는 계단

23 금천교 禁川橋
조선 궁궐에서 가장 나이 많은 어른

창덕궁의 금천교는 서울 시내 조선 궁궐의 건조물 중 가장 오래된 것으로 1411년 창덕궁을 처음 지을 때 만든 것이다. 600년이 되어 가는 다리이지만 아직도 듬직하게 변함없이 자리하고 있다.

돈화문을 들어서면 왼편으로 회화나무가 있고 안내판을 조금 지나 동쪽으로 방향을 꺾으면 창덕궁 내부로 향하게 되어 있다. 원래는 돈화문을 들어서면 금천교까지 박석(얇고 평평한 돌)이 깔려 있고 길이 세 갈래로 나뉘어 있었다. 세 갈래 길 중 가운데는 왕만 다닐 수 있는 어도(御道)이다.
길이 이렇게 꺾여진 것은 산자락에 맞추어 전각들을 옆으로 배치하고 정문은 궁궐조형제도에 따라 남향을 하다 보니 이러한 모양이 된 것이다.

돈화문을 들어서 길이 꺾이는 곳에서 북에서 남으로 개울이 흐르고 있는데 이것이 명당수인 금천이다. 예전에는 물이 흘렀지만 지금은 물이 흐르지 않으니 금천이란 말은 이제 어울리지 않는 것인지도 모른다. 금천 위에는 금천교라는 다리가 놓여 있는데 길과 마찬가지로 세 구역으로 나뉘어 가운데 어도는 넓고 좌우길은 좁게 만들어져 있다.

●물이 흐르지 않는 금천 ●●금천교

다리 좌우에는 돌난간을 세우고 네 귀퉁이에 돌짐승을 얹었는데 앞의 두 놈은 서로 마주한 채 다리를 지나는 사람을 감시하고 있으며 뒤에 두 놈은 몸은 전각 안쪽을 향해 앉아서 고개만 휙 꺾어 시선을 마주하고 있다. 궁궐을 호위하는 돌짐승의 표정은 무섭다기 보다는 앙증맞고 귀여운 표정을 하고 있다.

● 다리 난간과 난간 기둥의 서수
●● 다리 앞쪽의 서수
●●● 다리 뒤쪽의 서수

또한 물길이 흘러들고 나가는 다리 양 옆은 홍예를 틀고 가운데에 귀면을 새겼으며 귀면 앞으로 돌을 놓고 그 위에 돌짐승을 놓았다. 돌짐승의 모습은 얼핏 해태와 현무로 보기 쉬우나 사방신은 넷이 짝을 이루고 있어야 하므로 그것은 아니며, 해태는 뿔이 하나인데 이 곳 돌짐승은 뿔이 둘이다.

다리 북쪽으로는 궁궐 안에 관청들이 있던 궐내각사 자리로 역대 왕들의 어진과 유필 등을 모아놓은 선원전을 비롯해 홍문과 내의원이 자리하고 있었으나 일제시대 모두 훼손되고 현재 복원이 진행 중이다.

● 물길의 남쪽을 지키는 서수
●● 물길의 북쪽을 지키는 서수

24 진선문 進善門
자연스러움에서 어색함으로

금천교를 지나 만나게 되는 진선문과 그 앞뜰, 행각들은 몇 해 전 복원되긴 하였지만 예전 모습과 다른 점이 있으며 실제 그 모습을 상상하기가 쉽지 않다.

다리를 건너면 앞에 있는 문이 진선문으로 일제시대에 없어진 것을 얼마 전 복원한 것이다. 원래 진선문은 금천교 앞길에서 진선문까지의 길이 일직선으로 이어져 있었으나 지금은 축이 약간 어긋나 있어 어색하다.

● 금천교와 진선문

진선문은 억울한 일을 당한 백성이 와서 북을 치면 왕이 듣고 억울함을 해결해 준다는 큰 북(신문고)이 있던 문으로 태종 때 처음 설치하였다가 유명무실해 졌으며 후에 영조 때 다시 설치하였다. 사실 일반 백성이 궁궐문을 지나 금천교를 건너 진선문에 다다르기란 쉽지 않아 이것은 상징적인 의미 내지는 일종의 보여주기 위한 행동이 아니었을까 싶다.

● 진선문과 안쪽 뜰

진선문에서 금천 건너 맞은편으로는 창덕궁의 서쪽 문인 금호문(金虎門)이 있다. 서쪽은 오행 중 금(金)에 해당하며 동물로는 백호(白虎)에 해당하므로 금호문은 당연히 서쪽 문일 수밖에 없다. 궁궐을 다니다 보면 문 이름만 들어도, 전각의 이름만 들어도 쓰임새가 어떤지, 어느 곳에 있는지를 대강 알 수 있다.

● 금호문

진선문에 들어서면 행각으로 둘러싸인 넓은 뜰이 전개되는데 왼쪽에는 인정문의 정청과 좌우 행각이, 오른쪽에는 내병조, 상서원, 호위청 등이 있었던 자리다. 관청들은 앞쪽이 벽면으로 막혀 있었으나 지금은 행각에 현판만 달아 놓은 모습으로 복원되어 옛 모습을 가늠하기가 힘들다.

진선문의 맞은편으로는 멀리 내전으로 들어가는 숙장문(肅章門)이 있는데 북쪽으로는 희정당 남행각과 접해 있고 남쪽으로만 행각이 이어져 있다.

● 숙장문

25 인정문 仁政門
허리를 굽히고 마음을 굽히고

창덕궁의 중심이 되는 정전의 정문으로 권위와 위엄이 있는 문이다. 일제가 창호를 달아 전각처럼 꾸미고 양쪽 행각도 전시실로 변형했으나 최근에 옛 모습대로 복원하였다.

인정문은 창덕궁의 정전인 인정전의 문으로 경복궁의 근정문, 창경궁의 명정문, 경운궁의 중화문에 해당하는 문이다. 다만 근정문이나 중화문에 비해 그 규모가 작고 중앙 계단에 답도를 설치하지 않은 점이 다르다.

인정문은 정면 3간, 측면 2간의 단층 건물로 소박한 모습을 하고 있으며 가운데 문으로는 임금이, 동쪽으로는 문관이, 서쪽으로는 무관이 통행하였다. 특이한 점은 용마루에 대한제국 황실을 상징하는 오얏꽃 문양이 새겨져 있는 점이다.

인정문 좌우로는 행각이 뻗어 끝에서 북쪽 방향으로
꺾이는데 각각 인정전의 남행각, 동행각, 서행각을
이룬다. 인정문의 서쪽으로는 정청이라는 편액이 있
고 인정전의 동서행각에는 광범문과 숭범문이 복원
되어 있다. 원래 인정전의 동행각과 서행각에는 여러
개의 궐내각사가 있었으나 일제시대 전시장으로 이
용되면서 없어지고 행각의 모습도 변형되었던 것을
최근에 옛 모습대로 복원하였다.

● 인정전 서쪽의 궐내각사

인정문에 들어서면 넓게 박석이 깔려 있다. 허나 어
딘지 인위적이고 정감이 부족해 보인다. 일제시대 때
박석을 걷어내고 잔디를 깔았던 것을 최근에 다시 복
원한 것이다. 손으로 다듬지 않고 기계로 깎아 예전
과 같은 모습을 기대할 순 없지만 좀더 편안한 모습
으로 만들 수는 없었을까 하는 아쉬운 마음이 든다.

박석이 깔린 마당에는 동서 대칭으로 비석 같은 돌이
서 있다. 이것이 품계를 표시해 주는 품계석이다. 행
사가 있을 때 문무 양반이 동서로 나뉘어 각 품계에
맞게 도열하는데 이를 표시해 주는 표석이다. 마당에
는 큼직한 쇠고리가 있으며, 이는 햇빛을 피하기 위
해 치는 차양막(천막)을 매는 고리이다.

● 인정전 바닥의 박석과 품계석

● 인정전에서 바라본 인정문과 남행각

● 창덕궁 인정전

26 인정전 仁政殿
개화의 바람이 스며 있는 곳

인정전은 창덕궁의 정전으로 가장 권위 있는 전각이다. 현재 내부 장식은 물론 외형에서도 대한제국 시절의 모습을 확인할 수 있다.

● 인정전

인정문에 들어서면 어도 양쪽으로 품계석이 도열되어 있고, 정면 2단 월대 위에 당당하게 자리한 인정전을 만날 수 있다. 인정전 뒤로는 백두대간의 정기가 이어져 온 응봉자락이 병풍처럼 감싸고 있다.

● 인정전 계단의 서수
●● 인정전 계단의 답도

인정전은 2단의 월대 위에 놓여 있는데 월대를 오르는 계단 양옆으로는 서수를 놓았고 임금이 다니는 중앙 계단 서수 사이에 답도를 놓았다. 아래 계단 답도는 그나마 형태를 알 수 있으나 위 계단의 답도는 형태를 알 수 없을 정도로 많이 닳았다.

2층의 월대 모서리에는 각각 이상한 솥 모양의 쇠붙이가 있는데 둘의 생김이 비슷하다. 하지만 2층 월대 모서리에 있는 것은 드므이며 아래층 월대 모서리에 있는 것은 부간주이다.

인정전 내부는 천장까지 탁 트인 통구조로 되어 있으며 높이 솟은 기둥 위로 우물 천장이 마감되어 있다. 우물 천장 한가운데에는 보개 천장을 구성하고 구름 사이에서 여의주를 희롱하는 봉황 두 마리가 새겨져 있다. 인정전의 내부 시설은 서양식으로 많이 개조되었는데 노란색 천으로 장식된 전등이나 서양식 유리창, 노란색 커튼 등이 있었다. 용상 뒤로는 일월오악병을 두르고 어좌 위 천장에는 섬세하게 가공한 보개를 놓았다.

인정전은 경복궁의 근정전과 같이 중층 형식을 취하고 있는데 각 마루는 양성을 하고 용마루에는 다섯 개의 이화 문장을 장식했다. 인정전의 창호는 연꽃 문양의 문을 달았고 황제가 있는 곳이므로 황색을 칠해 장식하였다. 인정전 뒤로는 화계를 조성하고 담장을 둘렀으며 동쪽으로는 행각이 이어져 선정전 서행각으로 통할 수 있게 하였다.

27 비궁청 匪躬廳
형체는 남아 있으나 이름도, 뜻도 왜곡
되어 …

대신들이 모여 나라일을 의논하던 곳에 난데없이 자동차가 들어서
있고, 새로 들어선 자동차와 가마 등도 유리에 갇혀 사람들의 구경
거리가 되고 있다.

인정문 밖으로 있던 행각과 궐내각사에서 침전 공간
으로 이동하려면 동쪽에 있는 숙장문을 나서야 한다.
숙장문 밖 산기슭에는 대한제국 황실에서 사용하던
초헌, 자동차 등이 보관되어 있는 어차고가 있다. 차
고라 하기엔 전각이 화려한데다 생김도 이상한데 이
전각이 바로 빈청으로 사용했던 비궁청이다.

빈청이란 당상관 이상의 고위 관료들이 정기적으로
국사를 논하거나 나라에 큰 일이 있을 때 모여 대책
을 논의하던 곳이다. 빈청은 대신들이 모인다는 뜻의
일반적인 말이고 실제 전각의 이름은 비궁청(匪躬廳)
이다. 비궁청은 궐내각사 중에서도 가장 신분이 높은
고관들의 회의 공간이었는데 일제 때 주차 공간으로
변했으니 이것이 힘없는 나라의 설움이 아닐까.

전시된 물건 중에는 주정소(駐停所)라는 것이 있다.
이것은 조립식 이동 휴게소로 왕이 행차할 때 잠시
휴식을 취하던 곳이다. 정조는 아버지 사도세자의 능
이 있는 수원으로 자주 능행을 하였는데 여기에는 민
심을 직접 파악하고 왕권을 강화하려는 숨은 뜻이 있
었다.

● 유리가 씌어진 비궁청

빈청은 특이하게 팔작 지붕의 형태를 하다 양 끝에서
맞배 지붕의 형태를 하고 있다. 양 끝에는 온돌방이
있었으나 지금은 세 면이 개방된 채 바닥이 드러나
있다. 뒷면은 막혀 있다.

● 비궁청의 뒷 모습

28 선정전 宣政殿
파아란 기와 속에서 느끼는 서늘함

선정전은 공식적인 왕의 집무실로 아침에 임금이 출근하여 신하들과 함께 정사를 편 곳이다. 인정전은 어진 정사를 펴라는 뜻으로, 선정전은 백성에게 베푸는 정사를 하라는 뜻으로 지어졌다.

인정전의 왼편으로 나란히 편전인 선정전이 남향하여 자리한다. 창덕궁이 조선의 정궁으로 오랫동안 정치 무대의 중심이었듯 선정전 또한 오랜 시간 동안 편전 역할을 해왔다.
선정문에서 선정전에 이르는 길은 다른 전각과 달리 행각으로 이어져 있는데 지나치게 선정전 가까이 이어져 편액을 가릴 정도이다. 전각 앞으로는 월대가 조성되어 있는데 앞쪽으로는 중앙에 3개의 계단이, 양 옆으로 1개씩 계단이 있다. 또한 월대 모서리에는 역시 드므가 놓여 있다.

선정전은 서울에 남아 있는 궁궐의 모든 전각 중 유일하게 청기와 지붕을 하고 있다. 청기와를 만드는 방법은 중국에서 도입한 것으로 일반 기와보다 몇 배 비싼 비용이 든다고 한다. 선정전은 청기와를 쓰면서 용마루, 내림마루 등을 양성하지 않고 기와로 마감하여 다른 전각과 달리 잡상이 존재하지 않는다.

전각 내부로는 바닥에 우물 마루를 깔고 천장도 우물천장으로 마감하였다. 어좌 뒤로는 일월오악병을 배치하고 위로는 구름 사이를 노니는 봉황 두 마리가 새겨져 있는 보개를 달았다.

선정전은 남행각, 서행각, 북행각으로 둘러싸여 있으며 동쪽으로는 담장이 있다. 서행각을 통해서 인정전으로 임할 수 있으며, 북행각을 통해서는 희정당으로 갈 수 있다.

일월오악병
해와 달, 다섯 봉우리, 붉은 소나무, 두 줄기 폭포, 푸른 물결이 있는 그림을 오봉산일월도라고 하는데, 이 그림이 그려진 병풍을 일월오악병, 오봉산일월병이라고 한다. 일월오악병은 임금이 거동하는 자리라면 어디에나 설치되었던 그림으로 왕권의 무궁한 발전과 융성을 염원하는 뜻이 담겨 있다.

29 희정당 熙政堂
경복궁에서 창덕궁으로

희정당은 화재로 인한 수난을 유난히 많이 당한 전각이면서도 조선 500년 정치 역사 중 많은 일들이 결정된 곳이기도 하다. 지금의 희정당이 조선 전통 건축에 서양식 건축 구조가 가미되었듯 파란만장한 조선의 변천사가 스민 곳이다.

희정당은 원래 임금의 침전이었으나 조선 후기 순조 때부터는 정사를 펴는 편전의 역할을 하였다. 희정당은 화재로 인해 여러 차례 중건되었는데 순조 때 소실되어 복구할 때는 경복궁의 강녕전을 헐어 복구하였다. 이 때 강녕전의 규모가 커서 희정당 자리에 억지로 끼워넣다 보니 주변 행각과의 조화가 어색하고 옹색하기 그지 없다.

대청에는 마루 대신 붉은 카페트, 커튼, 테이블과 의
자 등 응접실로 꾸미고 창호 또한 유리창으로 바꼈
다. 조선의 마지막 황제인 순종이 기거하면서 창덕궁
의 모습은 변해 간다.

● 희정당 대청

1920년 희정당을 중건하면서 남행각에 자동차가 쉽
게 진입하도록 돌출 현관을 설치하였고 내부의 모습
또한 서양식 건축을 가미하게 된다. 돌출된 현관에는
이화 문장이 보인다.

● 희정당 정문과 남행각

묘호
묘호에는 일반적으로 조(祖)와 종(宗)을 끝에 붙여 사용하였는데 창업(創業)을
한 왕에게는 '조' 자를 붙이고 수성을 한 왕에게는 '종' 자를 붙였다. '조' 자 묘
호를 쓴 왕들을 살펴보면 창업군주와 중흥군주, 큰 국난을 극복하였거나 반정을
통하여 즉위한 왕들이다.
당시 '조' 가 '종' 보다 격이 높은 것으로 인식되기는 했지만 후대로 올수록 당시
의 정치 형편에 영향을 받기 일쑤였다.

30 대조전 大造殿
천지 음양의 조화로 큰 뜻을 이루고자

'큰 것을 만든다'는 뜻의 대조전은 곧 왕자의 생산을 바라는 마음으로 이름이 지어졌다. 봉건 국가에서 왕자의 생산은 곧 왕실의 존속, 번영과도 이어지며 국가의 존망과도 그 궤를 같이하기 때문이다.

지금의 대조전은 1917년 화재로 소실된 것을 경복궁의 교태전을 헐어다 지은 것으로 교태전의 규모가 원래 대조전의 규모보다 커서 주변 행각과 조화가 부자연스럽다. 대조전 앞으로는 월대가 조성되어 드므와 부간주가 놓여 있으며 대청에는 중국풍 의자와 거울 등이 있다. 대청 양쪽으로 왕과 왕비의 침실이 있는데 왕비의 침실에는 침대도 놓여 있다.

대조전도 다른 궁궐 왕비의 침전과 같이 지붕 꼭대기
에 용마루가 없이 둥근 기와로 마감하였다. 왕과 왕
비의 침전은 지밀상궁의 택일로 합궁일을 길일로 선
택해 잡고 정해진 시간에 왕자를 생산하는 일을 하게
된다. 그만큼 왕자를 생산하는 일이 왕조의 번영에
있어 가장 크고 중요한 일이었다.

● 대조전의 정면

대조전 주위는 여러 전각들과 연결되어 있다. 서쪽으
로는 수라간으로 이어지는 경극문이 있으며 남행각
에서는 희정당으로 이어지는 행각이 연결되어 있다.

● 희정당으로 이어지는 행각
●● 대조전의 서쪽 융경헌

대조전 뒤쪽으로 연결된 전각은 함원전으로 원래 이
곳은 현종의 어머니인 인선왕후를 위한 집상전이 있
던 곳이다. 이는 중궁전의 동북 방향에 대비전을 짓
는 규범을 따른 것으로 화재로 소실되고 그 자리에
지금의 함원전이 지어진 것이다.

● 천장문
●● 청향각의 굴뚝

● 매우틀이 드나들던 문

함원전 뒤로는 화계가 조성되어 있으며 높다란 계단 위에는 가정당으로 통하는 천장문이 배치되어 있다. 천장문은 홍예를 틀고 양 옆으로 영지를 물고 날개짓을 하는 학 문양과 조각 구름을 새겨 넣었다.

함원전 앞쪽 홍복헌에서 북쪽으로 뻗은 청향각에는 굴뚝이 바짝 붙게 배치되어 있다. 굴뚝에는 여러 길상 문자와 토끼 문양이 새겨져 있어 상서로운 공간을 연출한다. 토끼는 여성과 월궁(달)을 상징하여 이 곳을 여성의 공간, 월궁의 공간으로 표현하고 있다.
경훈각의 서쪽 측면에는 난방을 위해 숯불을 지피던 아궁이가 있다. 아궁이 옆으로는 작은 여닫이문이 있는데 이동식 변기인 매우틀이 있던 뒷간이다. 문을 열면 바퀴 달린 판자 모양의 작은 수레가 있으며 이것이 매우틀을 담아 끌어내던 것이다.

매우틀은 나무로 된 의자식 좌변기로 앞쪽은 열려 있어 구리로 된 기다란 그릇을 넣어 대소변을 보게 되어 있다. 이는 매화틀을 담당하는 복이내인(內人)이 매화그릇에 짚을 잘게 썬 매추를 뿌려서 가져가면 왕이 용변을 보고 측근 내인이 다시 매추를 덮어 처리하거나 경우에 따라서는 내의원으로 가져가 왕의 건강을 살피기도 한다. 매우틀은 경운궁 내 궁중유물전시관에 전시되어 있다.

낙선재

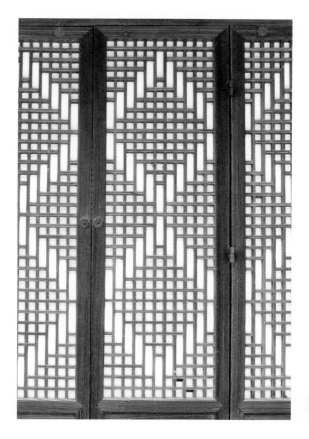

31 낙선재 樂善齋

소박한 듯, 빼어난 듯

낙선재의 정문은 장락문(長樂門)으로 '장락' 이란 오래오래 즐겁게 살기를 기원하는 뜻이 담겨 있다.

낙선재 일곽은 헌종 13년 헌종의 침전으로 지어진 것으로 그 전에는 저승전, 낙선당, 시민당, 숭경당 등의 전각이 있었으나 소실되었다. 낙선재는 1989년까지 영친왕의 부인 이방자 여사가 살았던 곳으로 1997년 수리와 복원을 마친 후 일부 공간을 공개하고 있다.

● 낙선재 대청 마루

낙선재의 정문은 장락문(長樂門)으로 특이하게 문지방이 돌로 되어 있다. 문지방의 가운데는 홈이 파여 있는데 이것은 초헌의 외바퀴가 드나들 수 있도록 한 것이다.

낙선재와 주위 행각들은 아름답고 다양한 문창살 모양으로도 유명하다. 수십 가지 모양의 문창살은 그 모습이 대개 정갈하고 단정하다.

낙선재의 남쪽과 서쪽으로는 행각이 둘러싸고 있으며 뒤로는 괴석이 놓이고 화계가 조성되어 있다. 장락문을 들어서면 낙선재의 서쪽 누마루가 눈에 들어온다. 누마루 아래에는 아궁이에서 불씨가 날려 화재가 나는 것을 막아주는 작은 화방벽이 설치되어 있다. 단순히 면과 선으로 구성되었지만 누마루의 창호와 대비되어 아름답게 느껴진다.

32   부용지 芙蓉池, 부용정 芙蓉亭
하늘, 땅, 사람이 만나는 곳

부용지는 하늘과 땅, 인간이 조화를 이루어 사는 우주의 원리를 표현하고 있다. 부용정은 네모 연지에 연꽃이 피고 소나무가 있는 섬을 바라보며 자연의 섭리를 이해하는 아름다운 공간이다.

고개를 넘어 후원 지역으로 들어서면 가장 먼저 눈길을 끄는 것이 네모진 연못이다. 연못 가운데에는 둥그런 작은 섬이 있고 섬 가운데는 소나무가 자라고 있다. 네모진 연못에 동그란 섬을 조성하는 것은 천원지방(하늘은 둥글고 땅은 네모나다는 우주관)을 표현한 것이다. 하늘, 땅, 사람이 존재하는 소우주를 구현하고 우주의 운행 원리를 표현한 것이며, 자연의 섭리를 거스르지 말아야 한다는 사상도 내포하는 것이다.

연못가에 있는 부용정은 두 다리를 물에 담그고 전체 형태는 열십자(+) 모양을 하고 있다. 부용정 내부에는 팔각형 모양의 불발기 창을 달고 가장 안쪽 돌출된 부분은 제일 높게 구성하였는데 이 곳이 왕의 자리이다.

●부용정

연못의 물은 땅 속에서 솟아나는 것으로 예전에는 이 곳에 네 개의 우물이 있었다고 한다. 그리고 아가리를 떡 벌리고 있는 모퉁이의 돌짐승을 통해서도 일부 유입된다. 연못 서쪽에는 우물을 수리하고 훼손된 연유 등을 비석에 새겨 넣은 사정기비각이 있다.

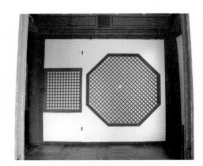

●불발기 창
●●가장 안쪽 누마루가 보인다

33 주합루 宙合樓
18세기 정조의 꿈과 이상

연지 귀퉁이에 있는 잉어 돌조각은 물에서 힘껏 튀어 올라 어수문을 통과해 용이 된다.

부용정 맞은편 높은 언덕에 2층 전각이 있다. 전각이 제 역할을 다할 때 아래층의 이름은 규장각, 위층은 주합루였으나 최근에는 통칭하여 주합루로 부르고 있다.
1층은 규장각으로 왕의 글이나 왕실의 물품을 보관하던 작은 서고였으나 정조가 국내외의 도서를 보관하면서 젊고 유능한 인재들의 학문 연구실, 왕립 도서관으로 그 역할이 확대되었다. 2층은 주합루로 초계문신제도를 통해 젊고 유능한 인재들을 등용하고 그들과 정사를 의논하며 왕도정치를 펴던 공간이다.

부용지 동남쪽 모서리를 보면 잉어 조각이 새겨져 있다. 물에서 힘껏 튀어 오른 잉어는 어수문(등용문)을 통과해 우주의 이치, 이상적인 정치를 펴고자 하는 공간인 주합루로 오르게 된다. 어수문 지붕 아래에는 용 조각이 새겨져 있는데 우리가 흔히 말하는 등용문이 된다.

어수문은 서로 떨어져 살 수 없는 물과 물고기의 관계를 표현한 것으로 이는 곧 임금과 신하의 관계를 비유하기도 한다.

● 잉어 조각
●● 어수문

현재 주합루의 서쪽으로는 서향각, 동북쪽으로는 제월 광풍관, 서북쪽으로는 희우정이 있는데 정조가 규장각 일곽을 지을 때와는 사뭇 다르다. 정조 때 규장각을 완공한 후 서남쪽에 어진과 왕실 물품을 모셔두는 봉모당, 정남에는 국내 서적과 중국 서적을 보관하는 열고관과 개유와가 있었고, 서쪽에는 책을 보관하고 관리하는 서향각, 서고 등 부속 전각들이 여러 채 있었다고 한다.

● 서향각

34 영화당 暎花堂

춘당춘색고금동 春塘春色古今同

조선시대 관리가 되기 위해서는 과거를 통해야 했는데 영화당 앞 춘당대는 과거의 최종 시험을 치르는 곳으로 자주 사용되었다. 춘향전에서 이몽룡이 급제할 때 시제가 춘당춘색고금동春塘春色古今同일 정도로 선비들에게 춘당대와 영화당은 선망의 대상이었다.

부용지 옆으로 동쪽을 향해 자리하고 있는 영화당은 주로 연회의 장소로 이용되었으며 왕이 군사 훈련을 참관하거나 직접 활쏘기를 하던 장소이기도 하다. 또한 영화당과 춘당대 일대는 과거의 마지막 시험을 치르던 곳이다. 영화당의 편액은 영조가 쓴 것이며 동궐도를 보면 남쪽으로 남행각이 이어지고 문과 창고 등도 있었다.

영화당 근처는 현재 앞쪽으로 창경궁과 나누어 담장을 설치하고 큰 나무들이 시선을 가로막고 있지만 예전에는 앞으로 넓게 춘당대가 펼쳐지고 부용정 연못에서 동으로 흘러 내려가는 물과 북쪽 골짜기에서 흘러드는 물이 모여 춘당지(春塘池)가 되었다.

상림십경(上林十景)
상림은 동궐 후원의 다른 이름으로 후원 일대의 열 가지 아름다운 풍경을 상림십경이라 하여 전해 온다.
_하나, 관풍춘경(觀豊春耕) : 창경궁 춘당지 남쪽 부근에 있던 관풍각에서 임금이 논을 가는 봄 풍경
_둘, 망춘문앵(望春聞鶯) : 망춘정에서 꾀꼬리 지저귀는 소리를 듣는 것
_셋, 천향춘만(天香春晚) : 늦은 봄 애련정 서북쪽 방향에 있던 천향각 주변의 경치
_넷, 어수범주(魚水泛舟) : 어수문 앞 부용지에서의 뱃놀이
_다섯, 소요유상(逍遙流觴) : 옥류천 소요정 앞 곡수연 바위에서 술잔을 돌리는 풍류
_여섯, 희우상련(喜雨賞蓮) : 희우정에서의 연꽃 구경
_일곱, 청심제월(淸心霽月) : 비 갠 밤 청심정에서 바라보는 달
_여덟, 관덕풍림(觀德楓林) : 관덕정 부근의 단풍숲
_아홉, 영화시사(暎花詩士) : 영화당에서 시를 짓는 선비의 모습
_열, 능허모설(凌虛暮雪) : 능허정에서 바라보는 눈 내리는 밤 풍경

35 의두각 倚斗閣, 기오헌 寄傲軒
단촐함 속에 배인 효명세자의 꿈

의두각, 기오헌 일곽은 후에 익종으로 추존된 효명세자의 정치적 이상과 현실 정치에 대한 고민과 번뇌가 묻어 있는 곳이다. 그는 할아버지 정조가 정치활동 무대의 중심에 서 있던 규장각에 기대어 조선의 새 희망을 품고자 했다.

영화당 앞마당을 지나 후원쪽으로 걷다 보면 왼쪽 산기슭으로 단청을 칠하지 않은 백골(白骨)집 두 채가 앞쪽 애련지와 마주한 채 있다. 두 전각 모두 규모나 형식에 있어 소박하게 구성하였으며 양쪽으로 담장이 둘러쳐 있고 각 방향에 문을 하나씩 두었다. 앞쪽으로는 단이 쌓여 있고 개방되어 있는데 옛 모습을 보면 앞쪽으로도 담장이 처져 있고 계단 위에는 문이 있었다.

두 전각의 이름에 대해 의견이 분분한데 왼쪽 전각의
이름은 의두각, 뒷마루가 기오헌, 오른쪽 전각의 이
름은 운경거라는 것이 지배적이다. 두 전각 사이로는
가파르고 좁은 계단이 있는데 꼭대기에는 대문이 있
고 문을 통과하면 주합루 뒤의 전각으로 이어진다.

의두각과 기오헌은 정조의 손자이자 순조의 아들인
효명세자가 학문에 열중하며 많은 시간을 보내던 곳
으로 독서당이 있던 것을 순조 27년에 고쳐 지은 것
이다. 할아버지 정조가 죽은 후 왕권은 급격히 무너
지고 세도정치로 나라가 어수선하던 때 총명한 효명
세자는 왕권의 회복과 부흥을 꿈꾸었을 것이다.
효명세자는 북두칠성에 의지한다는 뜻으로 의두각이
라는 이름을 짓고, 높은 어느 곳에 의지한다는 뜻으
로 기오헌이라는 이름을 지었다. 의두각의 '두'와 기
오헌의 '오'는 할아버지 정조, 정조가 이룩했던 세
상, 정조의 이상이 실현되던 규장각이라고 볼 수 있
을 것이다. 할아버지 정조가 이룩했던 업적과 왕권
회복을 꿈꾸며 효명세자는 이 곳에서 정치적 이상을
실현하고자 했던 것이다.

● 의두각으로 향하는 문
●● 주합루쪽으로 오르는 계단

● 금마문

지금 의두각과 기오헌 일곽을 보기 위해서는 금마문
이라는 문을 들어서야 하는데 금마문은 중국 한나라
때 미앙궁(未央宮)에 있던 문으로 문 안에 있는 전각
에 왕세자가 있음을 상징하는 문이다.

36 애련정 愛蓮亭
군자의 덕을 사랑하는 마음으로

연꽃은 지저분한 진흙 물 속에 뿌리를 두었지만 그 역경을 뚫고 아름답고 고운 꽃을 피운다. 그런 모습 때문에 군자들은 연꽃을 좋아했다 한다. 애련정은 그런 군자의 덕을 되새기고자 이름 붙여진 곳이다.

금마문의 담장 오른쪽을 걷다 보면 커다란 돌을 다듬어 佛老門(불로문)이라는 글자를 새긴 것이 있는데 이것은 문이 아니라 문틀이고 그 안쪽으로 문을 달았던 것으로 보인다. 예전 기록을 보면 불로문을 들어서서도 사방으로 담장이 둘러쳐 있었으나 지금은 문만 달랑 있어 그 문의 쓰임새를 의심케 한다.

● 불로문
●● 불로문의 홈

불로문을 들어서면 오른쪽으로 정자 애련정과 연못이 단촐하게 보인다. 애련정이 있는 연못은 사방으로 장대석을 쌓았으며 북서쪽 연경당에서 흘러오는 개울물이 스며든다. 물이 스며드는 곳에는 넓적한 돌의 가운데를 파서 물길을 만들어 놓았는데 그 물길로 흘러내린 물은 작은 인공 폭포가 되어 아래로 떨어진다.

애련(愛蓮)이란 중국 송나라의 주돈이가 쓴 애련설(愛蓮說)에서 유래되었으며 연꽃이 지저분한 진흙 속에서 곱고 귀한 꽃을 피운다 해서 군자가 가져야 할 덕목으로 보았다. 이런 이유로 숙종은 정자를 짓고 이 곳의 이름을 애련정이라 하였다.

애련정은 두 기둥이 물에 담겨 있고 나머지 두 기둥은 뒤 언덕에 놓인 형태이며 좌우로는 석분에 괴석을 담아 자연을 시선 안으로 끌어 들이고 있다. 애련정에서 보는 주위 풍경은 뒤로는 괴석이 병풍 같은 산 역할을 하고 앞으로는 연꽃이 피어 군자의 덕을 말하며, 오른쪽 위로는 작은 폭포가 흘러 시원함을 더해준다.

● 애련정 옆의 괴석
●● 애련정 위쪽의 작은 폭포

37 월궁月宮과 은하수
월궁에 사는 돌짐승과 은하수의 오작교

두꺼비 가족이 사는 달나라(月宮) 앞으로는 은하수가 흐르고 그 곳
에는 은하수를 건너는 오작교가 놓여 있다.

애련지를 지나 북쪽으로 오르다 보면 연경당이 나타
나는데 연경당 앞에는 작은 개천이 흐르고 그 위로
다리가 있다. 다리 옆으로는 무심히 지나치기 쉬운
괴석과 석분이 놓여 있는데 그 석분 네 귀퉁이에는
네 마리의 두꺼비가 새겨 있다. 이 중 한 마리는 안쪽
으로 들어가고 세 마리는 밖으로 나오는 모습을 하고
있다.

●석분 안으로 들어가는 두꺼비
●●석분 밖으로 나오는 두꺼비
●●●괴석

두꺼비는 달의 정령으로 석분에 새겨 있다. 석분은 어느 새 달나라 궁전이 되고, 행랑채 서쪽 아래에서 행랑채 앞으로 흐르는 서류동입의 명당수는 은하수를 뜻하며 그 위에 놓인 다리는 오작교를 상징하는 것이다. 참으로 절묘한 공간 배치의 미학이 아닐 수 없다.

● 오작교를 상징하는 작은 다리
●● 은하수를 상징하는 작은 도랑

오작교를 건너면 신선들이 사는 선계에서 오래 오래 살고 싶다는 뜻으로 이름지은 장락문(長樂門)이 있다. 이는 전각에 들어가 보지 않아도 이 속에 사는 사람의 마음을 읽을 수 있는 것이며 이런 의미를 읽을 때 전각의 진정한 아름다움을 볼 수 있는 것이다.

● 장락문

38 연경당
짜임새 있는 사대부 살림집

장락문을 들어서면 사랑채로 드는 장양문, 안채로 드는 수인문이 있다. '장락' 이란 죽지 않는 약을 가진 중국 신화의 인물 서왕모가 살던 월궁의 이름으로 이 문에 들어서면 신선의 세계가 펼쳐지는 것이다.

솟을대문인 장양문을 들어서면 사랑채가 남향하여 있고 그 왼쪽으로 선향재가 있다. 이 사랑채가 연경당이며 안채와는 하나의 전각이다. 하지만 안채와는 오른쪽에 담을 두어 남녀의 공간을 엄격히 구분하고 있다. 담 아래에는 괴석을 담은 석분(돌화분)을 여럿 배치하였다.

사랑채의 왼편에 있는 선향재는 정면 7간 측면 2간의 긴 건물인데, 문으로 차양을 친 앞면과 옆면의 중국식 벽채가 특이하다. 옆면을 보면 든든한 초석을 놓은 후 사괴석을 쌓고 그 위를 붉은 벽돌로 쌓았다. 벽면의 가운데에는 길상 문양이 있다. 선향재는 책을 읽고 보관하던 서재의 역할을 했다.

안채 뒤쪽으로는 별채가 'ㄴ'자 모양으로 있으며 선향재 뒤 태일문을 통하면 동쪽 방향으로 승재정과 존덕정 일대로 이어진다.

● 선향재
●● 선향재 측면의 문양

선향재 북쪽으로는 사괴석으로 화계를 구성하였는데 맨 위에 농수정이라는 소박한 정자가 있다. 연경당과 마찬가지로 단청을 칠하지 않았으며 사방으로 쪽마루를 틀고 난간을 둘렀다. 정자 앞으로는 조그만 뜰을 꾸미고 돌난간을 설치하였다.

● 농수정

39 관람정 觀纜亭, 승재정

부채꼴 기단과 마루에 부채꼴 지붕을 얹은 관람정은 사람의 몸과 마음을 한 없이 붙잡는다.

나뭇잎 모양의 초록색 현판이 있는 부채꼴 정자, 마주한 승재정과 연지를 바라보며 맞는 바람은 세상 시름과 고민을 멀리 날려 버린다.

애련정을 지나 후원 안쪽으로 깊숙이 들어가면 왼쪽으로 또 다시 연못이 나오고 그 옆으로 오솔길이 나 있다. 연못 가장자리에는 부채꼴 모양의 정자가 하나 있는데 이것이 관람정이다. 관람정은 부채꼴 모양의 기단 위에 부채꼴 모양의 마루를 틀고 지붕을 얹었다.

관람정의 현판은 긴 나뭇잎 모양을 하고 있는데 그냥
나뭇잎 모양을 한 것이 아니라 나뭇잎이 접혀 있는
모양을 형상화하고 있어 감탄을 자아내게 한다. 관람
정의 기둥 또한 주위 풍경을 보는데 있어 방해가 되
지 않도록 얇게 구성되어 있다.

관람정 맞은편에는 정면 1간 측면 1간 규모의 단촐한
정자, 승재정이 있다. 사방으로 창호를 달고 접어 들
쇠에 매달 수 있도록 하였는데 고종 또는 순종 때 만
든 것으로 추측하고 있다. 승재정 사방 기둥에는 주
련을 걸고 시를 적어 놓았으며 사방으로는 괴석을 놓
아 자연의 정취를 더하고 있다.

관람정 기둥에는 구름 문양이 장식되어 있어 구름 위
신선이 사는 세상으로 형상화 하기도 하며 시각적으
로도 아름다운 모습이다.

●나뭇잎 모양의 관람정 현판
●●승재정
●●●승재정에서 바라본 관람정
●●●●관람정 기둥

40 존덕정 尊德亭, 폄우사

만천명월주인옹자서 萬川明月主人翁自序

육각 모양을 한 겹지붕의 특이한 형태를 하고 있는 존덕정은 왕의 절대 권위와 권력을 강화하려는 정조의 야심이 표현된 곳이다.

관람정을 지나 안쪽으로 들어가면 왼쪽으로 작은 돌 다리가 나타나고 육각 형태의 겹지붕을 한 존덕정을 만나게 된다. 존덕정의 두 기둥 주초는 연못에 담그고 있으며 처마에 덧대어 지붕 하나를 더 얹어 겹지붕 모양을 하고 있다. 아래로는 안쪽에 육각 마루를 틀고 겹지붕 아래로 좁게 툇간을 둘러 마루 또한 겹으로 되어 있는데 앞쪽은 개방하였고 양 옆으로도 출입할 수 있게 하였다.

존덕정 천장의 가운데는 육각 모양이고 청룡과 황룡이 여의주를 희롱하고 있는 모습이 새겨져 있으며 천장의 모양이 사각이 되었다가 다시 육각이 되는 형태를 하고 있다. 정자의 북쪽 천장 아래 나무판에는 제목이 '만천명월주인옹자서萬川明月主人翁自序'라는 글이 새겨 있다. 이 글은 정조가 지은 것으로 수많은 개천에 비친 달은 많지만 실제 달은 하늘에 떠 있는 달 하나라는 내용으로 자신을 달에 비유하여 절대 군주로서 의지를 표현하고 있다.

●존덕정 천장

존덕정 앞에 있는 돌다리는 아래로 홍예를 틀고 장대석을 쌓고 마루를 얹었다. 다리 양 옆으로는 돌난간을 놓고 연꽃 모양 난간 기둥을 세웠다. 존덕정으로 건너기 전에는 괴석을 담은 석분이 있고 다리 건너에는 해시계를 올려 놓았던 돌받침대가 있다.

존덕정 옆으로는 언덕에 폄우사가 있다. 존덕정에서 폄우사로 가는 길에는 화강암으로 얇은 돌을 놓아 디딜 수 있게 하였다. 팔자걸음으로 호탕하고 기개있게 걸으라는 뜻일까? 폄우사는 정조의 손자인 효명세자가 글공부를 즐겨 하던 곳으로 전해오지만 폄우사란 이름을 보면 '사'는 활을 쏘는 사정에 붙이는 이름이라고 한다.

●존덕정 앞 돌다리
●●폄우사

41 옥류천 玉流川과 소요정, 태극정
바위 위에 놓인 물길에 시름을 얹어 흘려 보내고

삼백 척의 폭포수 물길이 저 높은 하늘에서 떨어지는데 그 모습을 보자니 흰 무지개가 일고 천둥 번개 치는 소리 온 골짜기에 퍼지네 〈위이암에 새겨진 숙종의 한시〉

후원 뒤쪽 산자락에서 흘러내린 물과 산자락에 붙어 있는 어정에서 솟은 물은 작은 개울을 이룬다. 이 개울은 바위 옆을 지나 바위 윗면의 물길을 지나고 소요정 앞에서 작은 폭포를 이루는데 이것이 옥류천이다. 불룩 산모양으로 서있는 바위 이름은 위이암으로 인조가 쓴 옥류천(玉流川)이라는 글씨와 숙종이 지은 한시가 새겨 있다.

● 옥류천과 곡수연

곡수연의 폭포 아래에는 사방 1간의 소박하고 단아
한 소요정이 있다. 소요정은 기단이 정자 공간만큼만
형성되어 있으며 둥근 초석 위로 둥근 기둥을 세우고
네 면에 평난간을 두른 아담한 정자다.

● 소요정

곡수연 위로는 초가 지붕의 청의정이 있고 그 우측으
로 태극정, 농산정이 있다. 태극정은 세벌대 장대석
으로 기단을 세운 후 다시 그 안쪽에 기단을 세우고
정자를 놓았다. 태극정 아래쪽으로는 정면 5간, 측면
1간의 농산정이 있는데 옥류천 일대를 나들이 하는
임금을 위해 음식을 장만하던 곳으로 추정하고 있다.
다만 이곳에서 정조는 수원 화성으로 능행을 떠나기
전 신하들에게 음식을 베풀었고, 순조는 신하들과 학
문을 나누었던 것으로 전해진다.

● 태극정
●● 농산정

42 청의정
소박하지만 우주의 이치를 담은 곳

연꽃 문양의 원형은 방사선 형태의 서까래를 뻗어 팔각을 이루고 곧 사각형이 된다. 하늘, 인간, 땅을 표현하여 작은 정자가 우주의 이치를 담게 된다.

동궐도에는 후원 일대에 초가집이 여러 채 그려 있었지만 현재는 청의정이 궁궐에 있는 유일한 초가 지붕이다. 청의정은 곡수연 위쪽 산기슭 가까이에 있는데 주위로는 네모난 논에 벼가 자라고 있고 그 가운데에 청의정이 있다. 청의정을 감싸고 있는 논에서는 임금이 친히 모를 내고 벼를 베어 그 볏짚으로 지붕을 얹었다고 한다.

청의정에 오르려면 산기슭쪽에 놓인 디딤돌과 통으로 된 돌다리를 건너야 하는데 돌의 끝에 홈이 나 있는 것이 원래부터 이 곳에 있었을까 하는 의구심을 갖게 한다. 돌의 생김으로 보면 비석으로 쓰였을 법하다.

청의정의 천장은 초가로 이은 원형을 하고 있으며 정자 내부 중심에 연꽃 문양의 둥근 원이 있다. 연꽃 문양의 둥근 원은 잠시 팔각 모양의 서까래를 뻗었다가 네모진 정자 형태를 이루게 된다. 곧 원형-팔각-방형으로 이어지는 형태를 띠게 되는데 원형은 하늘, 팔각은 인간, 방형(네모)은 땅을 뜻하여 우주의 기본 원리인 삼재(三才)를 표현한다.

●청의정으로 가는 다리
●●청의정
●●●청의정 마루

부용정_두 다리는 물에 담그고 있다.

43-56 STORY

창경궁 昌慶宮
가을 빛 쓸쓸함에서 스며 드는 담백함

창경궁은 근대사의 고난과 시련의 시대처럼 아픔과 상처를 많이 지닌 곳이다. 조선 왕조의 권위와 정통성의 상징인 궁궐에 일제에 의해 갖가지 동물들이 옮겨지고 벚나무로 가득찬 놀이공원으로 변했다. 창경궁에 유난히 많은 빈터와 잔디밭은 대개 전각이 헐린 자리이며, 우리가 깨워야 할 과거의 역사이다.

43 홍화문 弘化門
동쪽으로 향한 까닭은?

창경궁은 많은 전각들이 헐리고 단청의 색 또한 바랬지만 찾는 이에게 한적하고 여유로운 마음을 선사한다. 이런 여유로움으로 향하는 통로가 바로 창경궁 홍화문이다.

경복궁의 광화문, 창덕궁의 돈화문은 남향인데 반해 창경궁의 홍화문은 동향을 하고 있다. 홍화문의 좌우로는 십자각이 있어 원래는 그 십자각까지 행각으로 연결되어 있었으나 현재는 궁성의 담장으로 연결되어 있다. 홍화문은 성종 15년 처음 지어졌다가 임진왜란 때 화재로 소실된 것을 광해군 때 재건하여 현재에 이른다. 창덕궁의 돈화문과 함께 조선 초중기 건축 양식의 특징을 보여 주는 대표적인 건축물이다.

● 홍화문
●● 홍화문 오른쪽 십자각

홍화문의 안쪽으로는 옥천교, 명정문, 명정전이 일렬
로 펼쳐지며 시원스런 모습을 연출한다.

홍화문 2층 문루로는 홍화문 안쪽의 나무 계단을 통
하여 오를 수 있는데 문 밖에서 시작된 계단은 두 번
꺾이며 문루로 이어져 있다.

● 문루로 오르는 나무 계단
●● 홍화문 안쪽

홍화문의 천장은 서까래를 노출시킨 우물 천장으로
형형색색의 연꽃 문양 천장을 올려보고 있노라면 그
아름다운 모습에 저절로 감탄사가 쏟아진다. 이렇게
홍화문의 구석구석을 살피다 보면 단청과 문짝 등이
많이 쇠락한 모습을 보여주고 있는데 그런 부분을 찾
아 세월을 느껴 보는 것도 좋다.

44 옥천교 玉川橋
물이 흐르는 살아 있는 다리

다리 아래로는 물이 흐르고 위로는 사람이 지나니 옥천교는 올바로 다리 역할을 다하고 있다. 다른 궁궐의 금천은 메말라 있거나 가짜 물이 흐르고 있으니 유일하게 온전한 모습의 궁궐 다리를 볼 수 있는 셈이다.

다리 위는 평평하게 마감질이 된 세 갈래 길로 구분되어 있으며 양 옆으로는 돌난간이 설치되어 있다. 돌난간 중간으로는 연꽃 봉우리가 있는 난간 기둥이 세워져 있으며 다리 난간 네 귀퉁이 기둥에는 서수를 얹었다. 다리 아래는 두 개의 홍예를 틀고 가운데 겹치는 부분에는 귀면이 새겨져 있으며 다리 남북으로 같은 모양을 하고 있다.

● 옥천교 상판
●● 옥천교 옆 모습
●●● 옥천교 홍예

돌난간 기둥에 얹혀 있는 돌짐승은 다른 궁궐 다리의
서수보다 작고 귀여운 모습을 하고 있는데 개중에는
머리 부분이 잘려 나간 것도 있어 안타까움을 주고
있다. 궁궐의 정문을 지나 법전을 향하는, 명당수가
흐르는 금천 위에 놓인 다리의 서수치고는 그 모습이
앙증맞다.

옥천교의 금천은 북쪽에서 들어 남쪽으로 흐르는데
궁궐 중 유일하게 자연에서 흘러온 물이 흐르며 주위
로 나무가 우거져 아름다운 물길을 만들고 있다. 물
길의 바닥은 네모반듯한 것이 최근에 복원한 흔적이
역력하다.

● 옥천교 난간 기둥의 서수
●● 홍예 사이의 귀면
●●● 금천

● 3대 궁궐의 명당수를 건너는 다리의 이름
 _경복궁 : 영제교(永濟橋)
 _창덕궁 : 금천교(禁川橋)
 _창경궁 : 옥천교(玉川橋)

45 명정문 明正門
위압적이지 않은 단아함으로

소박하나 기품이 있으며, 기품이 있되 위압적이지 않은 명정문은
주위 행각, 본 전각인 명정전과 어울려 단아한 멋을 보여주고 있다.

금천을 지나 몇 걸음 가면 단아한 자태의 명정문을
만나게 된다. 명정문은 법전인 명정전의 크기와 조화
를 이루며 자리하고 있는데 다른 궁궐에 비해 작은
규모이다.

경복궁과 창덕궁의 예를 보면 정문과 금천 사이에 문
이 하나 있고, 금천을 건넌 후 법전을 들어서는 문이
있는 반면 창경궁의 경우에는 정문을 들어선 후 바로
금천이 나타나고 금천을 지나면 명정문이 나타난다.

●명정전 동남쪽 행각

명정문의 소맷돌 폭은 옥천교의 넓이와 같고 명정문을 오르는 계단은 다른 궁궐에 비해 높게 조성되었다. 아마도 지형적인 영향으로 명정문과 좌우 행각을 높게 조성한 듯 싶다.

다른 궁궐과 또 다른 점은 명정문의 소맷돌에 태극 문양, 구름 문양 등을 하지 않았으며 답도 또한 조성하지 않았다.

●명정문 계단
●●명정문 주초와 기둥

명정전의 좌우 행각에서는 재미있는 점을 발견할 수 있는데 왼쪽 행각의 주초는 동그란 주초가 일반적이나 오른쪽 행각의 주초는 동그란 것과 네모난 것이 혼재되어 있다. 같은 동그란 기둥이라 하더라도 크기가 큰 것, 크기가 기둥 굵기만큼 작은 것 등 다양한 모습을 하고 있다. 일제에 의해 훼손되거나 복원 과정에서 잘못된 것이 아닐까 하는 생각을 한다.

● 명정전 좌우 행각의 주춧돌은 묘한 대조를 이룬다.

행각 기둥의 주초 모양은 서쪽 행각의 모습에서 더 다양한 모습을 보여주고 있다. 최근에 복원된 네모진 정감없는 주초에서 색이 바래고 동그란 주초까지 그야말로 조각 공원처럼 다양하다. 각기 다른 모양의 주초를 하나하나 살피며 생김을 이야기해 보는 것 또한 재미있는 궁궐 답사가 될 듯 싶다.

● 주춧돌의 모양이 조각공원처럼 다양하다.

●명정전

46 명정전 明政殿
체면보다는 옛 모습을 따라서

크지는 않으나 위엄이 있으며, 화려하지 않으나 단아한 것이 명정전이다.

명정전은 임진왜란 때 불탄 것을 광해군 때 복원하여 지금에 이르며 당시의 목조 건축을 연구하는 데 귀중한 자료로 평가받고 있다.

명정전은 재건 당시 정전이 동향하는 법은 없다 하여 남향하여 짓자는 의견과 원래 모습인 동향으로 짓자는 의견이 분분하였으나 선대의 예를 따라 본래 모습인 동향으로 지었다. 명정전의 앞뜰에는 박석을 깔고 어도를 만들었으며 좌우에는 품계석이 나열해 있다.

명정전은 2층 월대 위에 전각을 지었는데 오른쪽과 뒤쪽으로는 단층 월대의 형식을 취하고 있다. 서쪽 월대를 보면 옆으로 공간이 있는데도 아래층 월대를 밖으로 내지 않고 높게 단층으로 조성하고 계단을 놓았다. 아마 오른쪽으로 명정전과 겹치는 부분이 있고 지형적으로 공간이 좁아 단층으로 조성한 것이 아닌가 싶다. 물론 그것이 상대적으로 위계가 낮은 명정전의 오른쪽이기에 가능한 것이고 왼쪽이었다면 어떻게든 2층의 형식을 취하거나, 오른쪽 또한 1층의 월대로 만들었을 것이다.

●명정전 오른쪽 월대의 계단
●●명정전 왼쪽 월대의 계단

명정전 좌우 계단과는 달리 정면으로 오르는 계단에는 소맷돌에 태극 문양, 구름 문양 등을 새겨 넣어 왕이 통행하는 곳, 임하는 곳의 격식을 다하고 있다.

●명정전 오른쪽 월대의 계단
●●명정전 왼쪽 월대의 계단

정면 계단의 중앙, 왕이 통행하는 곳으로는 옆으로 서수와 당초 문양이 새겨진 계단을 만들었으며 가운데로는 봉황이 새겨진 답도를 놓았다. 당초 문양이 새겨진 계단을 보면 윗부분 계단은 문양이 닳아 희미하여 보이지 않을 정도이다. 세월의 흔적을 느끼게 하는 부분이다.

●월대의 중앙 계단 소맷돌　●●명정전 월대의 답도　●●●문양이 새겨진 답도 옆 계단

명정전의 내부는 다른 궁궐과 마찬가지로 일월오악병이 있는 용상이 중앙에 놓여 있으며, 위로는 높은 보개 천장 중앙에 구름 사이를 노니는 봉황이 있다. 다른 궁궐의 정전에서는 용이 조각되어 있지만 창경궁의 명정전에서만 유독 봉황으로 조각되어 있는 것은 당초 궁궐을 조성할 때 임금이 거하는 곳이라기보다는 대비들을 위한 공간으로, 또 창덕궁의 별궁으로 지어진 공간이기 때문인 듯 하다.

●명정전의 어좌
●●명정전 천장의 봉황 조각

명정전 뒤로는 행각이 이어져 있는데 이 행각을 통해 문정전으로 이동했으며, 중앙에서 빈양문으로 통하는 행각으로는 내전 공간과 숭정전 등으로 이동하였다. 행각은 일반적으로 둥그런 기둥과 초석을 사용하지 않으므로 명정전의 둥그런 기둥에 네모 기둥을 덧대어 세운 것이 특이하다.

●명정전 뒤 행각
●●빈양문으로 통하는 행각

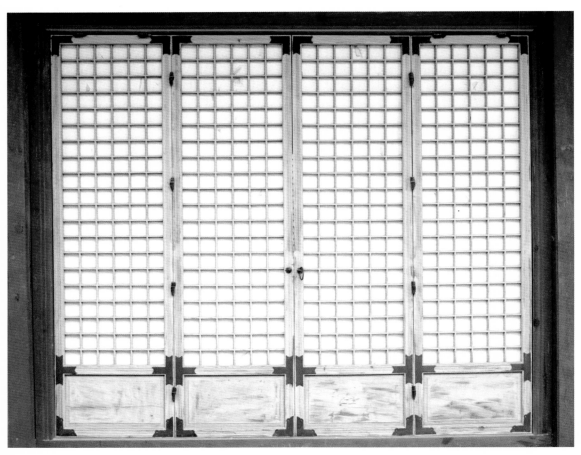

● 문정전의 문창살

47 문정전 文政殿
네모난 기둥, 동그란 기둥

정갈하고 단아한 자태는 위압적이지도 권위적이지도 않지만 어리석어 보이지 않는 단정함을 보여준다.

동향인 명정전에 비해 문정전은 원래 궁궐 제도에 따라 남향인데 그러다 보니 명정전과 직각으로 꺾여 짓게 되었다.

2층의 월대 위에 지어진 문정전은 여성스럽고 단아하며 월대 또한 규모에 맞게 작고 소박하게 조성하였다.

문정전의 방향
정문인 홍화문과 정전인 명정전은 동향인데 비해 편전인 문정전은 원래 궁궐 제도에 맞게 남향이다. 그러나 주춧돌과 기둥은 둥근 기둥을 쓰지 않고 네모 기둥을 썼다. 다시 말해 방향은 제도에 맞게 따랐지만 기둥과 주춧돌은 제도에 어긋나 있는 셈이다.

명정전과 마찬가지로 문정전을 재건할 때도 광해군과 신하들의 의견이 분분하였다. 광해군은 명정전처럼 문정전 또한 동향으로 하고 둥근 기둥을 사용하자고 하였으나 신하들의 주장에 의해 남향으로 하고 네모 기둥을 사용하게 되었다. 일반적으로 임금이 정사를 펴는 편전의 기둥은 둥근 기둥으로 만들어야 하는데 문정전은 특이하게 네모진 기둥을 사용하였다.

●문정전 옆 모습 ●●문정전 네모 주초와 네모 기둥

문정전으로 통하는 길은 명정전 뒤 행각을 통해 문정전으로 직접 들어서거나 명정전 서쪽 행각의 바깥쪽에 있는 문정문을 통해 들어설 수 있다. 문정문에 들어서면 화계에 이르기까지 행각이 있었는데 지금은 그 주초만 남아 있어 모양새를 추측해 볼 수 있다.

●문정문
●●문정전 행각 터의 주춧돌

48 숭문당 崇文堂
질박함 속에 담긴 숭고함

숭문(崇文)이라 함은 유학를 숭상한다는 뜻으로 숭문당은 그 뜻에
맞게 질박하면서도 간결하게 지어졌다.

숭문당은 창경궁 창건 당시에는 없었던 전각으로 광
해군 때 중건한 것으로 추정한다. 동궐도(東闕圖)에
의하면 지금의 모습과 달리 양 옆으로도 툇마루와 난
간을 두르고 문정전과도 담장으로 나뉘어 있었다. 숭
문당은 전체적으로 소박하고 검소한 분위기를 풍기
는데 숭문당 편액은 영조의 어필이다.

숭문당은 정면 4간, 측면 4간 총 16간짜리 건물로 앞쪽은 툇간을 모두 개방하여 누마루 형태로 구성하였으며 양쪽으로 계단을 설치해 명정전과 문정전 쪽에서 오르내리게 하였다. 뒤쪽은 가운데 한 간을 개방하고 마루를 두었다.

●숭문당 옆 모습
●●숭문당 뒷 모습

숭문당의 오른쪽 계단을 살펴보면 맨 아래 부분에 홈이 파여 있는 것이 보이는데 이것은 계단의 가로 나무를 박던 홈으로 아래로 더 많은 계단이 존재했던 것 같다. 숭문당의 내부 모습을 보면 양쪽으로 방을 꾸몄으며 가운데는 마루를 조성하였다.

●숭문당 서쪽 나무 계단
●●숭문당 내부

49 함인정 涵仁亭
동서남북 사계절이 담긴 곳

봄 물은 못마다 가득하고, 여름 구름은 기이한 봉우리도 많네
가을 달은 밝은 빛을 발하고, 겨울 산마루엔 외로운 소나무 빼어났
어라

명정전 뒤편에 있는 빈양문을 나서 내전으로 가는
길목에 함인정이 자리한다. 원래는 인양전(仁陽殿)
이 있던 자리였는데 이괄의 난으로 소실되었으며 주
위에 있던 담장과 협문이 헐리고 사방이 개방되어
있는 상태이다. 함인정은 정면에서 보면 날렵한 처
마가 경쾌하고 사방은 여닫는 문이 없이 시원하게
개방되었다.

함인정 내부에 걸린 도연명의 사계
함인정 내부에 걸린 싯구는 도연명의 '사계' 라는 시로 사계절의 모습을 잘 표현
하고 있으며, 함인정 동서남북에 이 싯구를 놓음으로써 자연을 품으려는 지혜가
돋보인다.
_春水滿四澤(봄 물은 못마다 가득 찼고)
_夏雲多奇峯(여름 구름은 기이한 봉우리도 많을시고)
_秋月揚明輝(가을 달은 밝은 빛을 발하고)
_冬嶺秀孤松(겨울 산마루엔 외로운 소나무 빼어났어라)

영조 때는 함인정에서 과거에 급제한 사람들을 접견
했다고 하여 현재 그 모습을 함인정에 복원하여 놓았
다. 뒤로는 일월오악병을 치고 앞으로는 발을 쳤으며
당시 사용했던 가구들을 배치하여 놓았다.

● 함인정 현판
●● 내부에 놓인 가구 모습

함인정의 안쪽 공간은 바닥을 한 단 높였으며, 위쪽
천장을 우물 천장으로 꾸미고 동서남북 각 방위에 맞
게 도연명의 '사계'를 현판 모양으로 꾸며 달았다.
함인정에 올라 마루를 쓰다듬고 기둥에 기대어 예전
과거에 합격해 관리로 임용되기 전 임금을 알현하던
그 모습을 상상해 보는 것도 재미있지 않을까?

● 함인정 내부
●● 함인정 천장

50 환경전 歡慶殿
편액 문양이 아름다운

편액의 가장 자리에는 여러 종류의 편액 문양이 아름답게 그려 있으며, 편액 글씨 또한 세월에 아랑곳하지 않고 당당하게 자리한다.

환경전은 특별한 용도로 사용하기 보다는 그때그때 형편에 따라 왕과 왕후, 세자가 사용하던 공간이며, 인조의 맏아들이자 효종의 형인 소현세자가 세상을 떠난 곳이기도 하다. 남향을 한 환경전은 건물 앞 가운데 한 간을 개방하였으며 그 앞으로 계단을 놓았다. 안으로는 온돌방과 툇간으로 구성되었으나 일제에 의해 그 모습이 훼손되면서 현재는 바닥 전체에 마루가 깔려 있다.

환경전의 왼편을 보면 희미하게 담장이 있던 흔적을
찾을 수 있으며, 환경전의 뒤와 왼편으로는 담장이
있었고 앞과 오른편으로는 행각이 있었다고 한다. 환
경전에 온돌이 있던 방의 구들이 뜯기고 마루가 놓아
지면서 아궁이도 함께 없어졌는데 환경전의 정면을
보면 아궁이 자리가 메워져 풍혈이 놓인 것을 확인할
수 있다.

● 동쪽 담장 흔적
●● 아궁이가 있던 자리에 풍혈이 있다.

환경전의 편액 문양은 8가지쯤 되는데 같은 모양이
라도 조금씩 모습이 다르게 그려 있다. 화려하고 다
양하게 칠해져 있는 색상, 기기묘묘한 문양을 보고
있노라면 절로 감탄사가 나올 뿐이다.

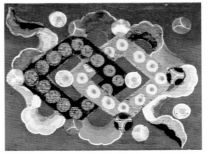

편액 문양
궁궐에서 사용하는 편액의 문양은 신통력과 상서로움을 지닌 물건들을 대
상으로 하는데 아래 보배 중에서 임의로 여덟 가지를 택해 팔보를 만든다.
_팔보 : 구슬, 돈, 악기의 일종인 경쇠, 상서로운 구름, 네모나게 만든 매듭
형태의 방승, 물소뿔로 만든 술잔, 글씨, 붉은 단풍잎, 쑥잎, 파초잎, 솔,
영지버섯, 옛날 돈, 은화인 정 등

51 경춘전 景春殿
건물 뒤편에 앉아 아름다운 화계를 바라보노라면

단풍이 곱게 물든 가을날, 경춘전의 화계는 몹시도 마음을 흔든다.
세월을 아쉬워하는 마음, 그 마음을 가르며 흐르는 낙엽

환경전이 남향인데 비해 경춘전은 동향이다. 이 점을
제외하면 두 전각은 규모와 생김 등에서 비슷하다.
경춘전에서는 주로 왕후 또는 세자빈 등이 거처했던
것으로 추정되며 인현왕후, 혜경궁 홍씨 등이 승하한
전각이기도 하다.

오지철
_처마 아래 공포 등에 놓는 창 모양의 뾰족한 다섯 개
의 쇠창살을 말한다. 처마 아래 날짐승이 집짓는 것
을 막아 궁궐 내에서 혹시 있을지도 모르는 살생 등
을 막기 위해 설치한 것이다.

경춘전은 그냥 무심히 보면 평평한 땅 위에 지은 전각처럼 보이지만 옆면에서 석축을 보면 전각의 앞쪽은 2단인데 비해 뒤로 갈수록 낮아져 뒤쪽은 1단만 쌓여 있는 것을 볼 수 있다. 전각의 뒤쪽이 조금 높다는 이야기다. 많이도 아니고 조금 기울어진 정도는 충분히 땅을 평평하게 다듬어 석축을 쌓고 전각을 지을 수 있겠지만 우리네 심성은 자연과의 조화를 중시해서인지 조화의 눈속임으로 멋지게 전각을 만들어냈다.

● 경춘전 측면

경춘전의 편액은 순조의 어필로 전해 오며 굳세고 호탕한 힘이 느껴지는 필체이다. 경춘전의 뒤로는 화계가 조성되어 있는데 가을이면 단풍 빛이 아름다우며 간간히 들리는 새소리 또한 정겨운 곳이다. 경춘전 뒤뜰에 앉아 눈을 감고 화계를 대하면 마음이 편안함을 느낀다.

● 경춘전의 현판
●● 경춘전 뒤쪽 화계

경춘전은 환경전과 마찬가지로 일제의 의해 온돌 구들이 뜯기고 마루 바닥이 깔렸으며 난간, 기와, 기둥 등 전각을 이루고 있는 요소들이 많이 쇠락한 느낌이다. 경춘전 뒤쪽의 기와를 살피면 중간중간 풀나무가 나 있는 것을 볼 수 있다. 예전의 화려하고 위엄있던 모습의 경춘전이 세월을 겪고 난 후 넉넉해진 마음과 여유가 그 풀 한 포기에서 느껴진다.

52 통명전 通明殿
역사의 슬픔과 세월의 아쉬움

그 곳에 살며 생활하던 이들도 그 사람들에게 필요했던 잡다한 생활 도구도 이제는 없다. 그 곳에서 나는 그 사람들의 온기를 느껴보려고 떼를 쓰고 있다.

통명전은 왕비의 침전으로 경복궁의 교태전, 창덕궁의 대조전과 같이 용마루가 없는 무량각 지붕이다. 통명전도 주위 전각과 마찬가지로 일제가 온돌을 헐어 아궁이를 막고 쪽마루를 깔아 많은 유물들을 전시하였는데 최근에 온돌로 복원하여 좌우에 방을 만들었다.

월대는 의례나 연회가 가능한 공간으로 주로 지체 높은 건물의 앞쪽에 놓는다. 창경궁 내전 전각 중 유일하게 앞으로 월대를 구성하고 바깥쪽 양 모서리에 드므를 놓았다. 월대는 중앙으로 3개의 계단, 좌우로 1개씩 계단을 놓았는데 계단은 소맷돌 없이 단순하게 지었다.

● 통명전 월대

통명전 추녀마루에는 원래 놓여 있던 잡상 중 없어진 것이 있어 왼쪽으로는 한두 개, 오른쪽에는 서너 개의 잡상만이 남아 있는 그 모습이 애처롭다. 자신의 자리에서 묵묵히 전각을 호위하고 있지만 곁에 있던 동료들이 떠난 빈자리가 외로워 먼 하늘을 바라보며 서글퍼 할 것이다.

● 통명전 처마의 잡상

잡상
전각의 추녀마루에 흙으로 구운 인형, 짐승상들이 보인다. 이것을 잡상이라고 하며 서유기에 등장하는 주인공들을 형상화한 것이다. 잡상의 수는 일반적인 전각에는 홀수를 종묘나 능원의 정자각에는 짝수를 배치하는데 경복궁 경회루의 11개가 가장 많은 것이다. 놓인 순서는 대당사부, 손행자, 저팔계, 사화상, 마화상, 삼살보살, 이구룡, 천산갑, 이귀박, 나토두의 순이다.
중국의 경우에는 맨 앞에 말을 타고 앉아 있는 도인상의 형상을 한 기봉선인(騎鳳仙人), 용봉(龍鳳), 사자, 천마, 해마, 산예, 압어, 해치, 두우, 행십으로 알려져 있다.

●통명전 뒤뜰의 굴뚝

궁궐과 전통 건축의 아름다움 중 하나는 사는 사람을 배려한 공간과 구성의 배치일 텐데 그 중 굴뚝은 바라볼수록 멋진 연출의 산물이다. 전각에서 떨어트려 실용성을 높이고 정성과 뜻을 모아 아름답게 문양을 넣어 장식하여 그 모습을 바라보는 대상으로 승화시켰다. 하지만 이 멋진 굴뚝 또한 이제는 실용성을 잃고 전각 주인의 시선도 잃은 채 외롭게 자리하고 있다. 대조전의 뒤뜰에도 화계 가까이 아름다운 굴뚝이 있어 뒤쪽 언덕에 올라 그늘 의자에 앉아 연가를 바라보는 맛 또한 일품이다.

●통명전 서편의 장독대 터

통명전의 서편으로는 높다란 계단이 있고 남쪽 담장에 창덕궁으로 통하는 함양문이 있다. 그 계단을 오르기 전 왼쪽을 보면 넓은 잔디밭이 조성되어 있으며 19세기 그려진 동궐도를 보면 이 곳에 장독대가 놓여 있었다. 생활하는 공간에는 먹을거나 입을거리 등과 관계된 공간이 꼭 있어야겠지만 창경궁은 더 이상 사람이 사는 공간이 아니므로 장독대 등은 필요없다. 그래도 왠지 옛 모습을 보고 싶은 마음은 세월에 대한 미련을 만든다.

통명전 연지의 연꽃

53 통명전의 연당

연꽃 향 가득한 신선 세계를 꿈꾸며

솟은 물은 동그란 샘을 채우고 돌로 만든 수로를 따라 토도독 토도독 연지로 흘러든다. 연지에 맑은 물이 들어 돌로 만든 연꽃은 곧 봉우리를 피울 듯하고 연지에 놓인 괴석은 숲이 우거진 산이 된다.

통명전의 서쪽으로는 다소 투박해 보일 수도 있는 돌로 만든 네모난 연지가 있고 그 가운데를 가로지르는 돌다리가 놓여 있다. 연지 주위로는 돌 난간을 두르고 연꽃 난간 기둥을 세웠다. 출입이 자유롭지 못했던 궁궐 여성들의 답답하고 무료한 생활을 배려하여 전각을 단장하고 공간을 만들게 된다. 바로 통명전의 연당이 그런 공간 중 하나이다.

"꽃에 돌을 던져라." 혹은 "꽃에 침을 뱉어라."라는 말이 있다. 어느 수필이나 싯구에서 들었음직한 문구인데 통명전 연지 연꽃 봉우리를 보면서 이런 말이 떠올라 아쉬웠다. 연지에는 팔각면에 활짝 핀 연꽃이 새겨진 예쁜 문양이 놓여 있다. 주위 나뭇잎, 풀꽃 등과 어울려 어느 새 통명전 주위는 자연의 기운이 넘실대는 공간으로 형상화된다. 그런 생각의 나래를 펴고 향기에 취할 때쯤 다시 숨막히는 현실을 들이대는 것이 연꽃 위의 돈이다. 이렇게 아름답고 환상적인 공간에 가장 세속적이고 현실적인 돈의 대조란 현실을 사는 우리의 모습은 아닐까 싶기도 하다.

●연지에 있는 연꽃 봉우리

연지 주위로는 난간을 두르고 난간 기둥에는 연꽃 봉우리를 다듬어 놓았으며 연지 안에는 네모진 석분에 흙을 담고 괴석을 놓았다. 물속에 비친 괴석과 주위 나무, 달의 모습은 절경을 이루며 연지 주위를 온통 연꽃 향기와 자연의 숨결이 느껴지는 공간으로 승화시킨다.

●연꽃 모양의 난간 기둥
●●연지에 있는 괴석

●연지의 다리 기둥　●●다리 바닥돌의 배수 구멍

연지 중간에는 다리를 놓았는데 연지에 주초를 놓고 든든한 기둥을 세워 바닥을 깔아 듬직한 모습이다. 연지와 닿지 않은 공간은 바닥돌만 깔았는데 아래로는 구멍을 뚫어 연지 난간 주위에 있는 물이 빠져나갈 수 있도록 하였다. 작은 물구멍 하나로 옛 장인들의 섬세함과 자연을 이해하고 꿰뚫어 보는 마음을 읽을 수 있다.

통명전 뒤편으로는 우물 하나가 있고 그 위 화계 돌에 '열천'이라는 글이 새겨 있다. 샘 옆으로는 기둥을 세웠던 주초의 흔적이 있어 샘을 보호할 수 있는 지붕이 있었다는 것을 짐작할 수 있다.

통명전과 그 주위 전각들이 있던 곳에는 물이 많이 나서 습한 기운을 띠었다고 한다. 그래서 많은 우물들을 만들었는데 지금도 그 주위를 살피면 유난히 우물이 많은 것을 확인할 수 있다. 가족, 친구와 우물을 찾아보는 재미도 꽤 괜찮다.

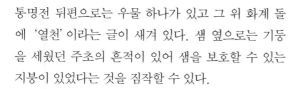

● 열천이 새겨진 돌
●● 통명전 뒤뜰의 샘과 기둥 흔적
●●● 통명전 앞쪽의 샘들

● 양화당 내부 모습

54 양화당 養和堂
자연과 조화하는 마음

나뭇결이 드러나고 바랜 나무색 툇마루의 거친 듯 돋아 있는 표면에 살을 부비면 옛 사람의 기운, 세월의 기운이 마음 속까지 녹아든다.

통명전의 동쪽에 나란히 있는 양화당은 통명전 월대 아래에서 이어진 기단에 다시 기단을 쌓아 2중의 기단을 형성하고 있다. 아래 기단에는 남쪽과 동쪽에 돌계단을 하나씩 설치하였다. 양화당도 주위 전각과 마찬가지로 일제에 의해 온돌과 구들이 헐리고 마루가 깔렸던 것을 최근에 복원하였다.

양화당 뒤편으로 가면 재미있는 부분을 찾을 수 있는
데 구들을 지난 연기가 굴뚝으로 통하는 연도를 볼
수 있다. 뒤뜰에는 중간중간 흙이 파여 얇은 돌이 땅
에 드러나 있다. 혹 화계로 가는 길인가 싶기도 하고
무엇인지 의문을 갖는 사람이 있는데 이것이 굴뚝으
로 통하는 연도이다.

● 연기가 굴뚝으로 통하는 연도가 드러나 있다.

양화당은 정면 6간 건물로 중앙 2간은 개방하여 마루
를 놓았고 양 옆으로는 문을 달고 툇마루를 만들어
평난간을 둘렀다. 시선을 조금 내려 툇마루 아래를
살피면 툇마루를 어떻게 만들었는지 대강 짐작이 된
다.

● 양화당 툇마루와 마룻바닥

55 영춘헌 迎春軒, 집복헌 集福軒
네모진 뜰에 하늘 담기

네모진 전각 사이로 보이는 아름다운 하늘, 영춘헌, 집복헌은 욕심
내지 않고 자신이 품을 수 있는 만큼만 하늘을 담고 있다.

양화당 동쪽에는 영춘헌 일곽이 자리하고 있으며, 영
춘헌 앞으로는 주초만 남은 전각 터가 드문드문 보인
다. 영춘헌의 서쪽에 연결된 전각이 집복헌이며 장대
석으로 기단을 쌓아 영춘헌보다 높여 지었다.

●영춘헌, 집복헌
●●전각 터의 주춧돌

집복헌은 정조의 아버지 '사도세자', 정조의 아들
'순조'가 태어난 곳으로 둘 다 후궁의 소생이었으므
로 후궁들의 처소로 쓰인 듯하다. 집복헌은 양화당에
서 동쪽으로 이동하면 바로 안 마당으로 들어설 수
있도록 하였으며 창문 또한 개방하여 안의 구조를 관
람할 수 있다.

● 집복헌 안 마당
●● 전각 터의 주춧돌

양화당과 집복헌 사이에는 넓게 펼쳐진 바위가 있는
데 바위에는 물길과 전각 기둥의 받침으로 쓰인 홈이
있다. 동궐도를 보면 행각이 연결되어 있고 중간쯤에
작은 전각이 하나 보이는데 그 흔적으로 보인다. 바
위 위에 있었을 전각과 행각은 뒤쪽 화계와 어울려
독특하면서도 아름다웠을 텐데 남아 있지 않는 것이
아쉽다.

● 양화당과 집복헌 사이의 바위

집복헌에서는 전통 예절 교실이 열리고 있어 내부 모
습을 아주 자세히 볼 수 있을 뿐 아니라 마루에 앉아
잠시 쉴 수도 있다. 또한 화계 아래쪽으로 길이 열려
있어 화계의 모습을 방해 받지 않고 감상할 수 있는
편안하고 아늑한 공간이다.

56 관덕정
조용한 숲 속에 앉아 세상 시름을 덜어

단풍이 아름다웠던 관덕정은 역사의 뒤안길에 물러앉은 궁궐과 같이 아는 이, 찾는 이 드문 숲 속에서 세월을 그리고 있다.

춘당지를 지나 식물원을 못미쳐 오른쪽 숲길을 따라 30여 미터를 걸으면 왼쪽 언덕에 관덕정이라는 전각이 나타난다. 관덕정으로 오르는 길은 양 옆으로 나무가 우거져 있고 옆으로는 배수를 위한 얇은 돌이 깔려 있어 이전 궁궐의 느낌과는 또 다른 분위기를 연출한다.

관덕정은 인조 때 지어진 정면 1간 측면 1간 규모의
활을 쏘던 정자로 처음에는 취미정이라 부르다 현종
5년 관덕정으로 이름을 바꾸었다. 동궐도를 보면 주
위에 부속 건물이 있었지만 지금은 관덕정 하나만 남
았다. 관덕정 주위로 기와 파편이 있어 과거 전각이
있었음을 느끼게만 해 줄 뿐이다.

●관덕정

관덕정 앞으로는 축대를 쌓아 공간을 약간 확보하고
있는데 그 앞 자리에서 활을 쏘지 않았을까 하는 추
측을 해 본다. 또한 앞 부분에는 네 개의 주초로 보이
는 돌이 있다.

●주춧돌
●●석축의 흔적

명정문 처마위 잡상

57-69

경운궁 慶運宮
시련과 좌절 속에 피어났던 꿈

경운궁에 가면 기울어 가던 조선의 모습을 사는 듯한 착각에 빠진다. 시대를 대변하는 전각, 구성물들의 모습에 나의 상상력이 촉매가 되어 시대를 거슬러 오르는 것이다.

● 대한문 안쪽 모습

57 대한문 大漢門
대안문에서 대한문으로

경운궁을 보수하면서 새롭게 정문이 된 대안문은 그 이름이 바뀌어 대한문이 되었고, 앞 도로로 인해 두번씩이나 뒤로 물러앉는 등 근대사의 우리나라처럼 많은 우여곡절을 겪었다.

대한문은 1904년 궁내에 화재가 발생해 궁궐의 거의 모든 전각들을 중건할 때 대안문을 수리하고 이름을 대한문으로 고치게 된다. 1914년 숭례문에서 세종로로 이어지는 태평로가 뚫리면서 경운궁의 동쪽 담장과 대한문은 뒤로 조금씩 물러앉게 되었으며, 1968년 도로 폭을 넓히면서 지금의 위치로 물러앉게 된다.

경운궁의 정문인 대한문은 다른 궁궐들과 다르게 단층으로 구성되어 있으나 돌짐승을 배치한 계단을 두어 궁궐 정문으로서의 권위를 주었다. 대한문 앞의 돌짐승은 얼마 전까지만 해도 시멘트 속에 반쯤 묻혀 있었지만 그래도 지금은 문 앞에 어설피 놓여 있다. 지금의 돌짐승은 보호시설로 보호받지만 보호시설이 없었을 때는 사람들의 의자가 되고 놀이감이 되곤 해서 안타까운 적이 있었다. 돌조각의 위와 옆을 자세히 살펴보면 섬세하면서도 듬직한 조각 솜씨가 돋보이는데 조선 후기 뛰어난 조각으로 평가받는 작품이다.

대한문은 문짝의 모습, 단청, 기둥, 주춧돌 등의 모습에서 격변기의 시대적 상황을 짐작할 수 있을 만큼 전체적으로 낡았다. 자물쇠만 보더라도 더이상 정치 공간이 아닌 문화재, 관람 공간이 되어 버린 경운궁의 시대적 단절을 느끼게 한다.

● 대한문의 서쪽 문
●● 문을 걸어 놓은 자물쇠

원래 경운궁의 정문은 인화문(仁化門)으로 지금의 남쪽 담장에 남향으로 놓여 있었다. 고종이 경운궁에 이어(移御)하면서 중화전을 새로 짓게 되는데, 중화문 그 앞으로 조원문을 세우고 인화문 자리에는 건극문(建極門)을 세웠다. 그리고 지금의 대한문인 대안문을 조원문의 동쪽에 지었다. 지금은 건극문이 사라지고 긴 담장만 남아 있으며, 조원문 또한 없어졌다.

58 금천
시멘트 웅덩이 그리고 다리

무릇 궁궐에 들어서면 서류동입하는 명당수가 있게 마련이다. 경운궁에도 그러한 금천과 같은 것이 있지만 모양만 그러할 뿐 시멘트 웅덩이 같아 아쉬움을 더한다.

정문인 대한문을 들어서면 듬직한 돌다리가 나타나는데, 아래로는 금천이 아닌 웅덩이에 물이 고여 있다. 원래는 궁궐 정문과 외전 사이로 금천이 흘러야 할 텐데 지금은 흡사 정원에 있는 물웅덩이 모습이다. 금천의 모습을 짐작하고 싶다면 창경궁을 찾아 금천교와 아래 금천을 살펴보는 것이 좋다.

돌다리에는 난간을 세우고 양쪽 끝으로 연꽃 문양의 돌기둥을 세웠다. 얼핏 보기에도 넓고 든든한 다리는 궁궐 조형 제도에 따라 형식에 맞게 조성된 것임을 알 수 있게 하지만 다른 궁궐의 다리처럼 돌조각이나 서수 등은 놓지 않았다.

● 다리 난간과 난간 기둥

금천 위의 다리 왼쪽으로는 난데없이 비석이 하나 놓여 있는데, 이것은 하마비(下馬碑)로 '대소인원개하마비(大小人員皆下馬)'라는 글이 새겨져 있다. 하마비란 지위와 신분을 막론하고 모두 말과 가마에서 내리라는 표시로, 궁궐 정문을 들어서기 훨씬 바깥에 있던 것이다. 다리를 지나면 중화문이 있는 곳까지 나무가 심어져 있는 길을 호젓하게 걷게 되는데 봄에는 나무 꽃 향기가 그윽하다.

● 하마비
●● 다리를 건너면 펼쳐지는 길

59 중화문 中和門
역할은 잃었으나 마음은 잃지 않은

좌우 사방으로 있던 회랑은 사라지고 중화문만 어색하게 혼자 남아 있다. 문의 기능은 잃어가고 점차 장식물이 되고 있으며, 관람객들 또한 중화문을 외면한 채 주변 터진 공간으로 출입한다.

경운궁의 정문인 대한문은 동향인데 비해 중화전과 중화문은 남향이다. 애초 중화문을 지을 때는 2층이었으나 광무 8년 화재로 소실되어 복구하면서 단층이 되었다고 한다.

● 답도
●● 중화문에서 본 조정
●●● 중화문의 동쪽 행각
●●●● 중화문 정면
●●●●● 중화문 측면

중화문 계단에는 중앙으로 서수와 답도가 있다. 서수
의 모양은 대한문 앞에 있는 서수와 비슷하게 생겼는
데 벌렁거리는 주먹코와 네모난 이를 드러낸 모습이
앙증맞다. 수많은 격동기와 시련을 겪어 오며 문으로
써의 기능을 상실해 가는 중화문을 지키고 있지만 현
실을 비관하지도 세월을 한탄하지도 않으며 당당하
고 건강하게 자리를 지키고 있는 것이다. 두 개의 서
수 사이로는 다른 궁궐과 달리 봉황이 아닌 용을 새
긴 답도가 있다. 궁궐의 답도에는 봉황을 새기는 것
이 일반적이나 황제의 권위에 맞게 용을 새겨 넣은
것이 아닌가 싶다.

중화문을 들어서면 중화전이 우뚝 솟아 있고 조정이
넓게 펼쳐진다. 하지만 사방으로 포근히 감싸 줄 회
랑이 없어서인지 허전한 느낌을 지울 수 없다. 중화
문의 남동쪽에 보면 이상한 'ㄱ'자 건물이 보이는데
이것이 그나마 남아 있는 중화전의 회랑이다. 중화문
기둥에 기대서서 머릿속에 사방으로 펼쳐진 회랑을
그려가며 원래 모습을 추측해 보는 것도 재미있다.

중화문은 중화전과 맞추어 복원하다보니 단층이 되
었다. 하지만 법전의 정문으로서 격을 높이다 보니
처마는 기형적으로 길고 웅장한 모습이 되었다. 경운
궁은 매년 4월경 꽃이 피는 봄이 오면 밤 9시까지 연
장 개방한다.

60 중화전 中和殿
외형은 줄었으나 위엄은 갖추고

처음에는 중층으로 창건하였으나 화재로 소실되었다. 이후 숨가쁘게 전개되는 시대 상황과 어려운 황실재정으로 중층으로 복원하지 못하고 단층으로 복원하되 최대한 격식과 위엄을 갖추게 하였다.

중화전은 고종이 경운궁으로 이어한 후 몇 년 뒤인 1902년 중층으로 창건하였다. 이 때 중화전은 경복궁의 근정전, 창덕궁의 인정전과 비슷한 규모였지만 1904년 화재로 소실되었다. 그 후 1906년 단층으로 중건하였고 그것이 현재까지 남아 있는 것이다. 중건할 때 궁핍한 재정으로 인해 중층으로는 짓지 못하였으나 단층의 모습을 보완하기 위해 지붕을 크게 올려 지었다는 이야기도 있다.

●중화전

중화문에서 중화전까지는 길게 어도가 깔리고 어도 좌우로는 품계석이 도열해 있다. 어도는 좌우 신하들의 통행로보다 조금 높여 조성되었고 역시 바닥에는 박석이 깔려 있다.

중화전은 2단의 월대 위에 지어졌는데 정면 중앙으로 계단을 놓았다. 계단 중앙에는 답도와 돌짐승을 놓았고 계단 양 옆으로 소맷돌을 놓았다. 답도에는 다른 궁궐과 달리 용을 새겼다. 고종이 황제를 칭하면서 봉황이 아닌 용이 새겨진 답도를 놓은 듯 하다. 답도 옆에 있는 돌짐승의 등줄기와 얼굴 등을 자세히 살펴보면 흐뭇한 미소가 자연스럽게 흐른다.

●중화전 박석
●●품계석
●●●답도 옆의 돌짐승
●●●●돌짐승의 등

왜 품계석이 12개인가?
품계석은 정1품에서 종9품까지 모두 18품계를 표시하고 있지만, 품계석은 12개
만 존재한다. 정1품에서 종3품까지는 품계석이 있지만 정3품 이하로는 정4품, 정
5품 등 정 품계만 표석을 세웠다.
_정1품, 종1품, 정2품, 종2품, 정3품, 종3품, 정4품, 정5품, 정6품, 정7품, 정8품,
정9품

중화전 기단 양 끝으로는 향로같이 생긴 왕권을 상징
하는 정(鼎)이 있고 하월대 모서리에는 넓적하게 생
긴 4개의 드므가 있다. 드므는 화마를 막기 위해 상징
적으로 놓는 것으로 생김은 경복궁의 근정전에 있는
것과 비슷하다.

중화전은 창덕궁의 인정전과 같이 황제를 뜻하는 황
색 창호를 달았다. 내부에는 어좌와 보개를 꾸미고
천장으로는 황룡을 조각하여 달았다. 궁궐 정전의 천
장에 용조각이 있는 것은 근정전과 이 곳이 유일한데
근정전의 용은 발가락이 7개인 칠조룡인데 비해 이
곳은 5조룡이다.

● 중화전 월대 위의 드므
●● 중화전 문창호
●●● 중화전 용상과 천장

61 준명당 浚明堂
뒤쪽 툇마루에 앉아 뒤뜰의 그윽함을 느껴보면

뒤쪽 툇마루에 잠시 앉아 있노라면 들떠있던 마음은 차분히 가라앉고, 막혀 있던 답답함은 시원해짐을 느끼게 된다.

중화전의 서북쪽으로는 행각으로 이어진 두 채의 전각이 있는데 그 중 왼쪽에 있는 'ㄴ'자 모양의 전각이 준명당이다. 준명당은 고종이 러시아 공사관에서 경운궁으로 이어한 후 지은 것으로 추정하고 있으며, 경운궁에서 편전의 역할을 했던 전각이다. 현재의 준명당은 화재로 소실되었던 것을 즉조당과 함께 새로 지은 것이다.

전각 뒤로는 온돌방 4간이 돌출되어 있으며 동쪽 온
돌방에서 덧댄 것이다. 전각의 돌출된 부분은 준명당
의 뒤뜰을 더욱 아늑하게 감싸 주고 조용한 공간으로
만들어 준다.

준명당은 정면 6간의 전각으로 가운데 3간은 대청으
로 개방하여 사용하고 있고 동쪽 맨 끝은 다른 방보
다 한 단 높여 누마루를 구성하였다. 대청의 천장은
우물 천장으로 꽃이나 학 등의 자연물 문양이 아닌
수(壽), 복(福) 자를 그려 넣었다. 준명당은 처음 창건
할 때는 준명전이었으나 언제부턴가 준명당으로 이
름이 바뀌었다. 준명당 앞으로 있는 잔디는 준명당과
즉조당의 부속 건물이 있던 자리다.

● 준명당 뒤뜰
●● 준명당 정면
●●● 준명당 현판

62 즉조당
시대에 따라 그 쓰임새와 이름은 바뀌고

인조 즉위 후부터 1904년 화재가 나기 전까지 서까래 하나 바꾸지 않고 소중하게 사용해 오던 전각은 순식간에 연기 속으로 사라지고 지금의 건물은 고종 때 복원한 것이다.

즉조당은 선조가 피난에서 돌아온 후 잠시 머물렀던 곳으로 인조가 이 곳에서 즉위한 후부터 즉조당이란 이름을 얻었다. 고종이 러시아 공사관에서 돌아온 후 법전으로 사용될 때는 태극전, 중화전으로 불리다가 중화전이 창건된 후에는 다시 즉조당이란 이름을 사용하였다.

즉조당의 편액은 1905년 고종 황제의 어필이며, 즉조
당 편액 안쪽으로는 경운궁이라는 편액도 함께 있었
다. 즉조당은 법전으로 사용된 까닭인지 대청의 우물
천장에는 보기 드물게 쌍룡 그림이 그려 있다. 지붕
은 준명당과 같이 양성을 하지 않고 잡상없이 용두만
장식하였다.

준명당과 즉조당은 2간의 행각으로 이어져 있으며
아래로는 긴 장대석이 받치고 있다. 왼쪽 행각 아래
를 얇은 나무 기둥 하나가 받치고 있는데 아마 위쪽
행각이 아래로 주저 않아 그것을 받치고 있는 것이
아닌가 싶다.

● 석어당 서편에서 바라본 즉조당
●● 준명당과 즉조당을 연결하는 행각
●●● 행각을 받치고 있는 나무 기둥

63 석어당 昔御堂
슬기로움이 돋보이는 2층 구조

선조는 전쟁이 끝난 후 창덕궁을 중건하지 못하고 이 곳 석어당에
서 승하하였고 인목대비는 이 곳에 유폐되어 한 많은 세월을 보냈
던 곳이다.

석어당은 현존하는 궁궐 전각 중 유일한 2층 목조 건
물로 1층에는 방과 대청을 만들고 2층에는 마루를 간
전각이다. 1층은 2간의 대청, 좌우로 2간씩의 방, 1간
씩의 마루를 둔 정면 8간과 측면은 3간이며 2층은 정
면 6간 측면 1간의 규모를 갖는다.

● 석어당의 뒷모습
●● 뒤편 개흘레
●●● 석어당 2층 내부 모습

석어당은 단청을 칠하지 않은 백골집으로 전체적으로 소박한 느낌과 정겨움을 주며 지붕도 양성하지 않고 용두나 잡상 등도 배치하지 않았다. 석어당 뒤편으로는 양쪽으로 개흘레를 만들고 가운데에는 쪽마루를 만들었다.

전각의 2층은 전각의 서쪽 끝 방에 설치된 계단을 통해 오르면 되는데 위층은 구획없이 통으로 열려 있다. 바닥은 우물 마루로 깔려 있으며 천장은 연등 천장이다.

64 덕홍전 德弘殿
경운궁에서 가장 늦게 건립된 전각

덕홍전은 내부는 물론이고 겉모습, 앞으로 있는 행각까지도 근대적인 모습이다.

덕홍전은 중화전의 동쪽, 함녕전의 서쪽에 있는 정면 3간, 측면 4간 건물이다. 정면으로는 중앙에 계단을 놓고 작은 월대를 꾸며 놓았으며 서구식의 출입문을 달았다. 이러한 출입문은 동쪽과 서쪽에도 하나씩 있는데 동쪽 출입문은 침전인 함녕전과 행각으로 이어져 있다.

●덕홍전
●●덕홍전의 옆 모습

덕홍전 내부에는 전돌이 깔려 있고 북쪽으로 오얏꽃 문양, 봉황 문양 등이 보인다. 천장은 우물 천장으로 구성되어 있고 봉황 문양이 그려 있다. 얼마 전에는 바닥에 붉은 카페트가 깔려 있었고 북쪽으로 어좌와 일월오악병이 놓여 있었다.

● 덕홍전 내부

덕홍전의 앞으로는 남행각과 더불어 남쪽 정문이 있고 서쪽으로는 서행각이 있다. 그런데 지금은 행각이라기 보다 창고 비슷하게 변해 버렸다. 언제부터 이렇게 바뀐 것인지, 누구에 의해 이런 모양이 된 것인지는 알려지지 않았다.

● 덕홍전 남쪽 행각과 정문
●● 덕홍전 남행각, 서행각

65 유현문 惟賢門과 꽃담
안으로는 용이, 밖으로는 학이 사는 신
선 세상

유현문은 공간을 구분짓는 꽃담 중간에 놓여 있는 문으로 긴 장대
석 위에 반월문이 있으며, 반월문 안쪽에는 용 문양이, 밖으로는
학 문양이 새겨져 있다.

덕홍전 서쪽 행각 바깥에는 아름다운 꽃담이 위쪽까
지 지형에 맞게 형성되어 있다. 꽃담을 보려면 서쪽
담장에 있는 문을 나서거나 덕홍전 화계 서쪽을 따라
걸으면 된다.
꽃담은 덕홍전 서쪽의 경사진 길을 따라 층을 이루
며, 사괴석을 쌓은 후 전돌을 쌓고 기와를 얹어 담장
을 구성하였다. 꽃담의 바깥쪽으로는 전돌 형태의 벽
돌만을 쌓았는데 반해 안쪽으로는 길상 문양을 새겨
넣었다.

꽃담 가운데에 있는 유현문의 모습도 안과 밖이 서로
다르다. 밖으로는 유현문(惟賢門)이 전서체로 새겨져
있고 학 문양이 양 옆으로 있는데 안쪽으로는 용 문
양이 새겨져 있다.

유현문을 좀더 자세히 살펴보면 긴 장대석을 받치고
그 위에 전돌로 반월 모양을 만들고 다시 길상 문양
을 얹은 후 붉은 전돌로 선을 넣어 마무리한 형태이
다. 반월 모양의 양쪽으로도 문양이 새겨 있다. 문짝
은 문 안쪽으로 골판문 두 짝을 달아 펴거나 접어 여
닫을 수 있도록 하였다.

66 함녕전
위협과 두려움 속에서의 몸부림

격동의 시대 경운궁으로 이어한 고종 황제가 대부분의 시간을 보내고 승하한 곳이다.

함녕전은 경운궁의 침전으로 'ㄴ'자 형태의 구조이다. 앞쪽으로는 중앙에 3개의 계단을 두고 월대가 아닌 작은 공간을 형성하고 있으며 동쪽과 서쪽 아궁이가 있는 곳에는 기단을 쌓지 않았다. 전각의 동쪽에는 아궁이 위로 툇마루를 꾸몄으며 서쪽에는 2칸의 방을 덧대어 그 앞으로 기단을 쌓았다. 함녕전의 서쪽에서 덕홍전의 동쪽 문으로 이어지는 행각이 있었으나 지금은 목재를 끼웠던 홈만 남아 있다.

● 덕홍전으로 이어지는 행각의 흔적
●● 함녕전

함녕전의 동쪽 아궁이는 툇마루 아래 있으며 서쪽 아
궁이는 장애물 없이 전각의 옆에서 바로 볼 수 있다.
1904년 화재로 경운궁의 대부분 전각들이 소실되는
데 바로 함녕전을 수리하던 중 수리한 온돌에 불을
지피면서 화재가 났다고 한다.

함녕전의 내부에는 붉은 카펫이 깔려있고 천장에는
근대식 전등을 달았으며 천장은 우물 천장으로 마감
하고 단청을 칠했다. 조선시대 다른 침전과 마찬가지
로 큰 방 주위에 작은 방을 두는 데 생명의 위협을 느
꼈던 고종은 작은 방 이곳저곳을 옮겨가며 잠을 잤다
고 한다.

함녕전의 동쪽과 남쪽으로는 행각이 남아 있고 세 개
의 여닫이 문이 있다. 밖으로 다시 행랑이 있었는데
그 행랑의 문이 광명문이다. 광명문은 현재 중화전
서쪽으로 흥천사 대종, 보루각 자격루 등의 유물이
보관되어 있는 전시장 역할을 하고 있다.

● 함녕전 동쪽 아궁이
●● 함녕전 내부 모습
●●● 함녕전 문짝
●●●● 함녕전의 정문, 광명문

67 정관헌
서양세력에 기대어 나라를 구해보려
는 외교적 몸짓

경운궁 북쪽 담장 가까이 있는 정관헌은 주위 전각들과 조금 떨어
져 한적한 멋을 느낄 수 있으며, 앞으로 펼쳐진 화계의 풀, 꽃나무
들이 아름답다. 경운궁에 정관헌 외에도 돈덕적, 구성헌 등의 서양
식 전각이 세워진 것은 외세의 힘에 기대어 나라를 구해보려는 처
절한 몸짓이다.

정관헌은 휴식, 연회 공간으로 얼핏 보면 서양식 건물
로 보이지만 하나 둘 자세히 살피다 보면 절묘하게도
우리 전통 문양이나 건축 양식이 스며있다. 내부로는
둥근 돌기둥을 세우고 마룻바닥을 깔았으며 사방으
로 지붕을 덧달아 퇴를 구성하고 앞과 옆쪽으로 난간
을 둘렀다. 사방으로는 각각 1개씩의 계단이 나 있다.

●정관헌 내부
●●정관헌 외부 통로와 난간

이곳에서 고종은 외국 관리, 신하들과 연회를 하기도 하고 커피를 마시며 휴식을 취했다고 한다. 서쪽의 뒤편으로 보면 주방 같은 것이 보이고 차나 음식이 나올 수 있는 작은 창문이 있다. 창문 위에는 좌우 대칭인 기하학적 문양이 새겨진 반월 형태의 창이 있다.

바깥으로 두른 난간은 구리로 만든 것으로 소나무, 사슴, 박쥐, 당초 문양 등이 새겨져 있으며 난간 기둥에는 나무를 깎아 세웠다. 처마 아래로는 화병, 박쥐, 용 문양 등이 양각되어 있다.

●정관헌 주방의 창호 ●●처마 아래 박쥐 문양

지붕의 형태는 팔작지붕의 모습을 하고 있는데 풍혈(바람이 통하는 공간)은 동그란 모양을 하고 있다. 전각의 뒤쪽으로 돌아가면 특이한 형태의 여닫이 창이 5개 있고 가운데로 출입문과 계단이 있다. 계단 옆으로는 러시아공사관으로 통하던 비밀통로의 입구가 그대로 남아 있다.

●정관헌 지붕 및 처마
●●정관헌 뒷 모습

68 구 러시아공사관 터
아픈 과거의 흔적을 찾아

명성황후가 일본 낭인에 의해 무참히 살해된 후 고종 황제는 러시아의 힘에 기대 러시아공사관에서 한참을 지낸다. 말이 황실이고 황제이지 자신의 안위조차 염려해야 했던 것이 대한제국의 현실이다.

경운궁 돌담길을 따라 한참을 걷다 보면 오른쪽 언덕에 정동이벤트홀과 난타전용극장이 있다. 그 오른편에 구 러시아공사관의 탑 부분이 남아 있다. 러시아공사관은 'ㄱ'자 형태의 단층 건물과 3층짜리 탑으로 구성되어 있는데 지금은 정문을 포함한 본관 건물 등은 사라지고 3층 탑 부분만 남아 있다.

러시아공사관 탑은 원래 석재와 회색 벽돌로 마감되어 있었으나 1970년대 수리를 하면서 외형을 흰색 회칠로 마감하였다. 1층에는 긴 반원형 아치문이 있으며, 2층에는 단순한 네모창이, 3층에는 한 면에 반원형 아치창이 2개씩 있다.

러시아공사관은 광복 직후 소련 영사관으로 사용되다가 한국전쟁 때 대부분 소실되고 탑 부분과 지하층만 남았다. 주위로는 집터의 흔적, 돌조각 등을 볼 수 있으며 그 흔적에 얽힌 인물들의 활동사항, 역사적인 사건 등을 되새기며 그 시대를 떠올려 보는 것은 어떨까.

●공사관 흔적

아관파천(俄館播遷)
　명성황후가 일제 낭인에 의해 비참하게 살해된 후 고종은 경복궁에서 러시아공사관으로 이어하는데 그 사건을 아관파천이라 한다. 고종은 러시아공사관에서 1년 동안 머물다가 경운궁으로 환궁하였다.

69 원구단
하늘을 향한 마음을 담아

하늘에 제사를 올린다는 것은 천자, 황제로서 권위를 세우고 기울어 가는 나라의 부흥을 꾀하려는 상징을 담고 있다. 쓰러져 가는 왕조의 불씨를 되살려 보려는 의지와 어려운 현실 속에서 하나하나 정성을 다한 흔적들을 느낄 수 있다.

황제 즉위식을 올린 후 고종은 옛 남별궁 자리에 원구단을 세우게 했으나 지금은 소실되고 하늘과 땅의 신, 태조의 위패가 모셔진 황궁우와 돌북만 남아 있다. 황궁우는 팔각형 기단에 화강암 장대석을 쌓고 돌난간이 둘러쳐 있으며 돌짐승 조각이 삼엄히 경계하고 있다.

일제는 1913년 원구단을 헐고 이 자리에 철도호텔을 지었다. 앞쪽 사진에 보이는 3층짜리 건물은 황궁우며 이를 원구단으로 잘못 아는 사람이 많다. 원구단이 있었던 터는 지금 조선호텔이 들어서 있다.

● 황궁우 정문 뒤로 조선호텔이 보인다.

원구단 터에 호텔을 지으면서 석고단은 1927년 황궁우 옆으로 옮겨졌다. 몸통 둘레에 용 문양이 돋움으로 새겨 있으며, 조선 말기 조각물 중에서 최고 걸작품 중 하나이다. 원구단 설계 및 시공은 당시 내무부 기사인 심의석의 솜씨로 예술적 가치가 뛰어나다.

● 돌북

녹이슨 문고리에서 세월의 아쉬움이 느껴진다.

70-76 STORY

경희궁 景熙宮
인왕산을 등지고 평지를 안은 곳

경희궁의 원래 이름은 경덕궁으로, 광해군 때 창건한 이후 300년 남짓 기간 동안 조선의 이궁 역할을 해 왔다. 창덕궁과 창경궁이 경복궁의 동쪽 응봉자락에 매달려 동궐이라고 한 것에 비해 경희궁은 서쪽 인왕산 자락에 매달려 서궐이라 하였다.

경희궁은 일제에 의해 철저하게 훼손되어 궁궐의 흔적조차 찾기 힘들었던 것을 최근에 일부 전각을 복원하였다.

경희궁은 새로 복원하여 옛 멋은 부족하나 찾는 이에게 한없는 넉넉함을 준다.

70 홍화문 興化門
떠돌이 신세 속에 제자리를 못 찾고

도로공사로, 혹은 엉뚱한 곳을 정문으로 사용하다가 얼마 전 지금의 자리로 옮겼다. 지금의 자리 또한 원래의 위치가 아니니 팔자가 참 기구한 문이 되어버렸다.

홍화문은 경운궁의 대한문과 같이 중층이 아닌 단층인데 창건 당시 정궁이 아닌 별궁으로 지었기 때문이다. 생김을 보면 원형 초석에 둥근 기둥을 세웠고 세 개의 출입문 중 가운데 간은 연등 천장으로, 좌우 협간의 천장은 우물 천장으로 만들었다.

홍화문의 창건 당시에는 지금의 서울역사박물관 앞 부근에 세워졌지만 1915년 도로공사로 남쪽으로 옮겨졌다가 후에 이등박문을 위한 박문사로 옮겨져 그곳 정문으로 사용되었다. 해방 후에는 신라호텔의 정문으로 사용되다가 지금의 자리로 옮겨 왔지만 지금의 자리 또한 제자리가 아니니 홍화문의 운명은 참 기구하다 하겠다.

● 홍화문 주춧돌

홍화문은 바닥은 물론이고 그 주위가 흙이 아닌 시멘트로 덧칠이 되어 있어 아쉬움을 더한다. 원래의 경희궁은 서울역사박물관 앞의 홍화문을 지나 금천의 다리를 건너고 60여 미터를 오다가 직각으로 꺾어져 정전인 숭정전을 향하게 되어 있다. 지금은 홍화문을 지나자마자 숭정문이 멀찍이 보인다.

경희궁의 다섯 문
_홍화문(興化門) : 경희궁의 정문으로 궁궐 동쪽 문
_홍원문(興元門) : 홍화문의 왼쪽 문
_개양문(開陽門) : 홍화문의 오른쪽 문
_숭의문(崇義門) : 경희궁의 서쪽 문
_무덕문(武德門) : 경희궁의 북쪽 문

● 홍화문 안쪽 전경

71 금천교
옛 흔적을 찾는 보물찾기놀이

다리는 전체적으로 기계로 깎은 새 다리지만 군데군데 옛 다리의
석재가 보물찾기라도 하듯 눈에 보여 반가움과 설레임을 준다.

세종로 사거리에서 거리를 따라 걷다 보면 경희궁을
앞두고 서울역사박물관 앞 금천교를 만나게 된다. 옛
모습과 위치에 따라 복원한 것으로 금천교 앞으로 흥
화문이 있었다. 넓게 펼쳐진 얇은 돌을 밟고 다리를
건너면 서울역사박물관을 향하게 되지만 원래는 길
게 길이 나 있고 끝에서 직각으로 꺾여 숭정전을 향
하게 되어 있었다.

다리는 두개의 홍예를 틀고 홍예 사이에는 귀면을 놓았다. 귀면 위로는 장대석을 쌓아 구성하였고 상판에 평평한 돌을 깔아 마감하였다. 아쉬운 것은 다리 아래로 명당수는 아니더라도 맑은 물이 흘렀으면 좋겠지만 악취나는 황토색 괴상한(?) 물이 있어 다리 옆모습조차 구경하기 힘들다.

다리는 전체적으로 새로 복원하였고 군데군데 옛 다리의 석재들을 그대로 사용하여 옛 모습을 찾을 수 있다. 다리 상판이나 다리 옆의 서수, 난간 기둥 등을 유심히 살피다 보면 깨끗한 모양의 요즘 석재에서 세월을 간직한 옛 석재를 만날 수 있을 것이다.

금천교는 상판을 깔고 양 옆으로는 돌난간을 둘렀다. 난간 기둥은 연꽃 문양을 새기고 양끝 난간 기둥에는 돌짐승을 얹었다. 난간 기둥의 돌짐승은 흡사 창덕궁의 금천교와 비슷한 모양을 하고 있지만 생김이 영투박하고 무표정한 것이 쉽게 정이 가질 않는다.

● 금천교의 홍예
●● 금천교 상판 바닥의 옛 석재
●●● 금천교 돌 난간
●●●● 경희궁 금천교의 돌짐승
●●●●● 창덕궁 금천교의 돌짐승

72 숭정문 崇政門
멀리 인왕산 자락이 아름다운 숭정문

흥화문에 들어서서 한적한 길을 잠시 걸으면 주변 산기슭에 포근히 안기고 인왕산 봉우리가 든든히 버티고 있는 숭정문을 만난다.

흥화문을 지나 궁궐의 전각들을 향하면 제일 먼저 정전인 숭정전의 정문, 숭정문과 그 좌우 행각을 만나게 된다.

숭정문은 둥근 주춧돌에 둥근 기둥을 세우고 정면 3간, 측면 2간의 팔작 지붕 형태를 하고 있다. 숭정문과 좌우 행각은 최근에 복원한 것이다.

숭정문은 다른 궁궐 정전의 정문과는 다르게 중층 계
단 위에 월대처럼 넓은 공간이 형성되어 있다. 지형
이 높아 다른 궁궐과 달리 중층의 계단을 쌓은 것 같
다. 좌우 행각은 짧고 아담하게 주위 산자락에 안겨
있는데 중층의 계단이 있어 묘한 대조를 이룬다.

2층 계단 중앙에는 봉황이 새겨진 답도가 놓여 있고,
답도 양 옆으로는 돌짐승 모양의 소맷돌이 있다. 1층
계단에는 소맷돌만 있고 답도는 없다. 한층 한층 계
단을 오르다 보면 숭정문 사이로 숭정전이 희끗 보이
기 시작한다.

●숭정문과 남행각
●●숭정문 월대와 계단
●●●계단의 답도
●●●●숭정문
●●●●●숭정문에서 본 숭정전

73 숭정전 崇政殿
이름은 하나이나 몸은 둘

원래 숭정전은 엉뚱한 곳에 가서 다른 용도로 쓰이고 있고, 그 자리에는 조금 어색한 새 전각이 들어섰다.

숭정전은 경희궁의 정전으로 원래의 숭정전은 동국대학교 내로 옮겨져 정각원으로 사용되고 있고 경희궁에 있는 것은 새롭게 복원한 것이다. 경희궁을 복원할 당시 동국대학교 내 정각원을 옮기려 하였으나 나무와 석재들이 노후하여 옮기지 못하였다. 이 전각은 경희궁(경덕궁) 창건 때 지었던 건물로 원형이 훼손되고 변하였지만 17세기 건축 양식을 지니고 있어 그 역사적 가치를 더해 준다.

숭정전_기와지붕

숭정전 앞뜰에는 박석이 깔려 있고 어도 양쪽으로 품계석이 놓여 있다. 주위 행각은 지형에 따라 높낮이를 달리하며 지었는데 북쪽 행각은 오른쪽으로 갈수록 한 층씩 높아지고 동서 행각은 뒤로 갈수록 높아지는 형태를 취하고 있다.

동서 행각은 네모진 주춧돌에 둥그런 기둥을 놓았으며 안쪽, 바깥쪽의 복행랑 구조로 되어 있다. 행각은 뒤쪽으로 갈수록 높아지는 지형에 따라 중간 중간에 계단을 놓아 행각을 이동할 수 있게 했다.

● 숭정전 동행각
●● 숭정전 서행각

들쇠
여름에는 문이나 창호를 들어 올려 개방
하였다. 개방한 창으로 바람이 들게 하는
것으로 들쇠는 들어올린 문을 지탱하는
쇠다.

숭정전 아래층 월대 계단의 답도와 서수 등은 1985년 경희궁 터 발굴 당시 발견된 것을 그대로 사용해 함께 복원한 것이다. 월대나 숭정전 안뜰에 깔려 있는 박석(얇은 돌)은 최근에 복원한 것으로 보이나 창덕궁, 창경궁에 깔린 박석보다는 자연적인 느낌에 좀더 가까워 좋다.

● 숭정전 월대와 계단

숭정전 내부에는 어좌 뒤로 일월오악병을 놓고 위에는 보개 천장을 꾸몄다. 붉은 기둥 높게 전각 내부 천장에는 황룡 두 마리가 여의주를 희롱하는 형상을 꾸며 놓았다. 황룡의 모습은 경복궁 근정전 천장에서도 볼 수 있는데 이 곳의 황룡은 그 생김이 어리숙하고 주위 구름과 여의주 또한 왠지 옹렬하다.
하지만 숭정전 내부까지 들어가서 안의 모습을 살필 수 있어 좋다.

● 숭정전 용상과 보개
●● 숭정전 천장

74 자정전 資政殿
자연의 흐름을 거스르지 않고

숭정전 뒤로 당당히 서 있는 자정문을 지나 자정전으로 들어서면
주위 행각과 함께 아담하고 포근한 느낌이 든다.

자정전은 단층의 월대 위에 정면 3간 측면 3간의 단
촐한 구조로 되어 있다. 월대 계단은 중앙으로 하나
만 놓여 있으며 월대에서 자정전으로는 세 개의 계단
이 놓여 있다.

숭정전 뒤로 가파른 계단을 오르면 자정전의 정문인
자정문이 있다. 자정문 앞 계단에는 소맷돌과 답도가
놓여 있는데 정작 자정전에는 소맷돌도 없이 간소하
게 계단만 놓여 있다.

● 자정문

자정전 주위로는 행각이 둘러싸고 있다. 동행각은
자정전의 동쪽 출입문으로 이어져 출입할 수 있고,
서쪽으로도 행각이 둘러싸고 있다. 서쪽 행각에서
자정전 뒤쪽으로 통하는 행각에는 옛 전돌을 깔아
놓았다.

● 자정전 남행각
●● 자정전으로 이어지는 행각

75 태녕전 泰寧殿
사람이 그리운 태녕전

경희궁은 앞에서 말했듯이 사람들의 시선에서 멀리 떨어진 한적하고 조용한 궁궐이다. 그런 경희궁 중에서도 가장 한적한 곳이 태녕전이 아닐까 싶다.

태녕전의 정문인 태녕문은 숭정문의 서쪽으로 이동하여 작은 길을 따라 한참을 오르면 만날 수 있는데 특이하게 사당의 정문과 같은 모습을 하고 있다. 태녕문은 닫혀 있어 태녕전으로 통하지 못하며 자정전 옆으로 해서 태녕전을 찾을 수 있다.

● 태녕문

태녕전은 2단의 월대 위에 규모있게 지어졌으며 뒤로는 마치 계단처럼 담장이 둘러쳐 있고 화계로 꾸며있다. 태녕전은 정확한 용도가 밝혀지지 않았으나 선대왕의 어진이나 유품 등을 보관했던 것으로 추정하고 있다.

●태녕전

태녕전은 2단의 월대에 지어졌지만 2층 월대는 아주 작은 공간만 있을 정도로 형식적이며, 월대를 오르는 계단 또한 아무 문양이나 무늬 없이 간결하고 소박하게 구성되었다.

●태녕전 계단과 월대

삼화토
전각의 용마루나 처마마루에는 흰색으로 양성을 하게 되는데 얼핏 보면 시멘트 칠을 한 것처럼 보이나 이것은 삼화토를 이용한 것이다. 삼화토는 고운모래, 백토, 소석회를 1:1:1로 섞어 만드는 것으로 강도가 무척 견고하다.

76 서암 瑞巖, 암천 巖泉
조용히 솟은 샘물은 소란스럽지 않게 아래로 흐른다

바위 아래에서 조금씩 솟은 물은 얇은 물길을 따라 흐르다 둥그런 홈에 모여 잠시 숨을 고른 후 다시 여정을 시작한다.

자정전 옆에 있는 태녕전 뒤 언덕에 바위가 있는데 이것이 서암이다. 원래 이름은 왕암(王巖)이라고 했다는데, 광해군 때 왕기가 서렸다는 소문의 근거가 된 바위라고 한다. 원래 경희궁은 광해군의 이복동생이자 인조의 아버지인 정원군의 집이 있던 곳으로 이 일대에 왕기가 서렸다는 풍문이 돌아 집을 헐고 경희궁을 지었다고 한다.

바위 아래에는 샘이 솟는 암천이 있는데 동그랗게 홈을 파 물을 담고 조금씩 바위 아래 수로로 흘려 보낸다. 수로를 따라 흐르는 물은 자경전과 태녕전 사이의 수로를 지나 숭정전 서쪽 행각 옆 개울로 이어진다.

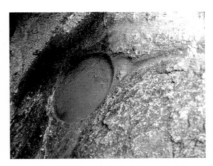

서암의 서쪽으로도 너른 바위가 하나 있다. 그 바위에 올라 경희궁의 모습을 굽어보는 것 또한 좋다. 바위 옆으로 흐르는 물은 담장 옆 수로를 타고 아래로 흘러 서암 암천에서 솟아난 물과 합류하여 숭정전 서행각 바깥으로 흐른다.

부시
철망으로 짠 그물 같은 것으로 날짐승이 집을 짓는 것을 막기 위해 설치한 것이다. 그물은 오래 전엔 삼나무 그물로 엮다가 후대에 와서는 동으로 바뀌었다. 날짐승이 집을 지으면 새끼들이 구렁이에게 죽임을 당하거나 떨어져 죽을 수 있기 때문에 살생이라는 불경스러운 일을 막기 위해 부시를 설치한다.

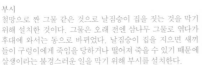

부록

- 동궐도
- 서궐도안
- 수선전도 목판본

동궐도 東闕圖

1828년경, 비단에 채색, 273×584 cm, 국보 제249호, 고려대학교 박물관

수정전

경훈각

대조전

희정당

선정전

인정전

인정문

금천교

진선문

숙장문

돈화문

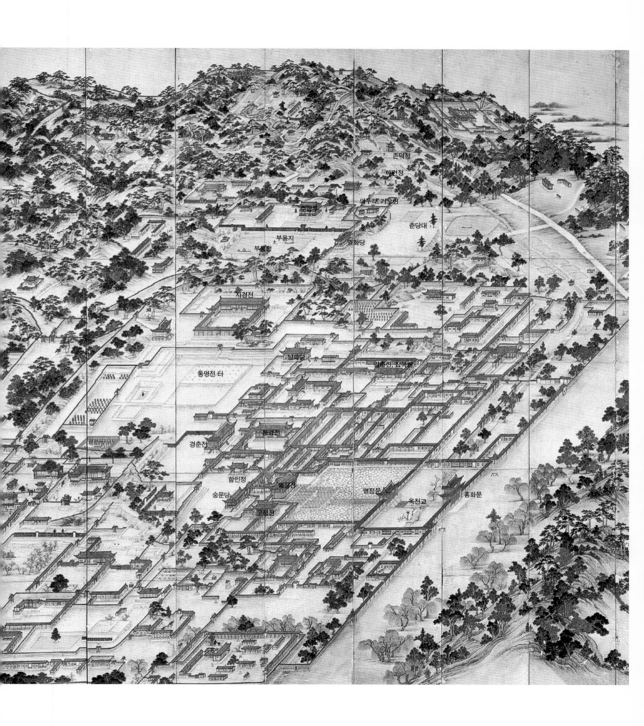

존덕정
애련정
의두각 기오헌
춘당대
부용지
명화당
부용정
자경전
양화당
통명전 터
영춘헌 집복헌
경춘전
함경전
함인정
경춘전
숭문당
명정전
문정전
명정문
옥천교
홍화문

서궐도안 西闕圖案

보물 제 1534호 고려대학교 박물관

태녕전

숭정

숭정문

현재의 흥화문(출입구)

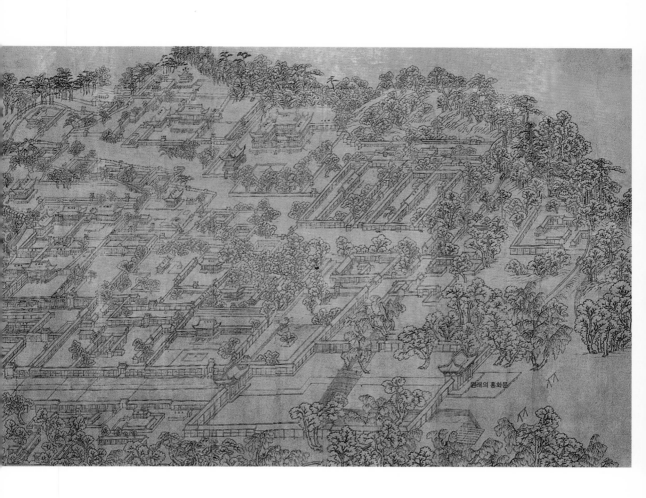

원래의 홍화문

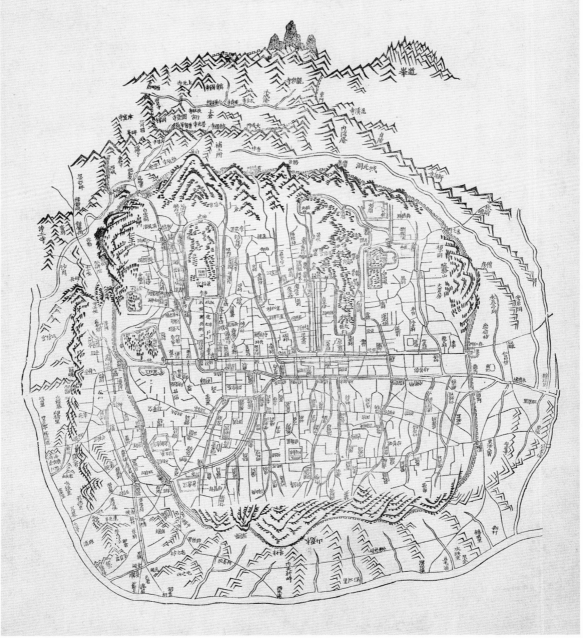

경복궁 관람안내

⊙ **관람시간은?**

3월~10월 : 오전 9시~오후 6시(입장은 오후 5시까지)

11월~2월 : 오전 9시~오후 5시(입장은 오후 4시까지)

- 매주 화요일은 쉽니다.
- 5월~8월 중 주말과 공휴일은 오후 7시까지 관람할 수 있습니다.

⊙ **관람요금은?**

일반관람

어른(19세~64세) 3,000원 / 2,400원(20인 이상)

청소년(7세~18세) 1,500원 / 1,200원(10인 이상)

⊙ **경회루 특별관람**

- 2009년 2월까지 잠정 중단

7세 이상 모든 이 : 5,000원

3월~10월 : 오전 11시, 오후 2시, 4시

매회 60명 (온라인 예약 및 현장 선착순 판매)

⊙ **건청궁 특별관람(무료)**

관람시간 : 오전 11시, 오후 2시, 4시

매회 60명 (온라인 예약)

- 한 장의 관람권으로 경복궁은 물론 국립고궁박물관과 국립민속박
  물관을 모두 관람할 수 있습니다.

- 경복궁 웹사이트 http://www.royalpalace.go.kr

경운궁(덕수궁) 관람안내

⊙ **관람시간은?**

매표 및 입장시간 오전 9시~ 오후 8시

퇴장시간 오전 9시~ 오후 9시

- 매주 월요일은 쉽니다.

⊙ **관람요금은?**

일반권

개인   대인(만 18세 이상) 1,000원

　　　 소인(만 7~18세) 500원

단체   대인(20인 이상) 800원

　　　 소인(10인 이상) 400원

무료   6세 이하 어린이

　　　 65세 이상 어르신

　　　 장애인(3급 이상은 보호자 1인 동반)

　　　 국가유공자

　　　 5 · 18유공자

　　　 상이군경

- 휴업토요일에 한해 소인 무료(매월 둘째, 넷째 토요일)

- 덕수궁미술관은 덕수궁 관람권을 구입한 후, 미술관에서 별도 관
  람권을 구입해야 합니다.
- 경운궁 웹사이트 http://www.deoksugung.go.kr

창경궁 관람안내

⊙ 관람시간은?

3월~10월 : 오전 9시~오후 6시(입장은 오후 5시까지)

11월~2월 : 오전 9시~오후 5시 30분(입장은 오후 4시 30분까지)

• 매주 화요일은 쉽니다.

• 5월~8월 중 주말과 공휴일은 오후 7시까지 관람할 수 있습니다.

⊙ 관람요금은?

일반관람

어른(19세~64세) 1,000원 / 800원(20인 이상)

청소년(7세~18세) 500원 / 400원(10인 이상)

⊙ 무료관람

• 6세 이하 및 65세 이상, 장애인, 국가유공자, 학생인솔교사,
  단체관람 인솔 안내원

• 매 둘째, 넷째주 토요일 초중고 학생

• 창경궁 웹사이트 http://cgg.cha.go.kr

경희궁 관람안내

⊙ 이용시간 및 관람안내

3월~10월 : 오전 9시~오후 6시

11월~2월 : 오전 9시~오후 5시

• 관람요금은 무료입니다.

• 매주 월요일은 쉽니다.

창덕궁 관람안내

⊙ 일반관람은?

창덕궁은 개별 자유관람이 아닌 정해진 시간에 입장하여 직원의 안내로 약 1시간 20분간 관람할 수 있습니다. 외국인 안내시간에는 내국인 입장이 불가하며, 외국인과 동반한 내국인은 입장 가능합니다.

• 매주 목요일은 자유관람일입니다. (자유관람일인 매주 목요일은 일반관람이 불가합니다.)
• 매주 월요일은 쉽니다.

⊙ 관람요금은?

대인(만 19세 ~만 64세) 3,000원
소인(만 7세~만 18세) 1,500원

• 단체 할인은 없습니다.
• 무료관람 대상(일반관람)
  _ 국빈 및 그 수행자와 외교사절단 및 그 수행자
  _ 6세 이하 어린이(보호자 동반)
  _ 국 · 공립기관에서 정양중인 상이군경
  _ 65세 이상 노인
  _ 공무수행을 위하여 출입하는 자
  _ 학생인솔 등 교육활동을 위해 입장하는 초 · 중 · 고 교원(유치원 교사 포함)
  _ 한복 착용자(1월1일 · 설날 및 추석연휴에 한함)
  _ 그 외 장애인 복지법, 국가유공자 등 예우 및 지원에 관한 법률,
  _5.18 민주유공자 예우에 관한 법률, 참전유공자예우에 관한법률 등 법령에 의하여 입장료가 면제된 자(장애인 1~3급은 보호자 1인 포함, 상이 등급 1급에 해당하는 국가유공자의 경우 보조자 1인 포함), 기타 문화재청장 또는 당해 유적관리기관의 장이 인정하는 자

⊙ 자유관람은?

  _ 관람일자 : 4월~11월 중 매주 목요일 오전 9시15분~ 오후 6시 30분(입장 마감 4시30분)
• 11월은 일몰시간에 따라 관람시간이 조정 운영 됩니다.
  _ 시행일자 : 2008년 4월 10일(목) ~ 11월 27일
  _ 운영기간 : 4월~11월 (동절기에는 산불예방 및 후원 생태계 보호를 위해 중지)
  _ 관람요금 : 대인(19세 이상) 15,000 원 , 소인(7세~18세) 7,500원
• 무료 대상 : 6세 이하 어린이, 장애인, 장애등급 1~3급 보호자, 국가유공자 및 동반가족 1인
  _ 인원제한 : 1일 1,000명으로 입장인원 제한
  _ 관람구역 : 옥류천 등 후원을 포함한 창덕궁 전 지역 (단, 비공개 지역 및 석복헌, 수강재 지역은 제외)
• 특이사항 : 65세 이상은 무료가 아님
  _ 관람안내 : 음성안내기 대여(안내원에 의한 관람안내는 없음)

⊙ 옥류천 관람

2008.4.12~2008. 11.30

(단, 휴궁일인 매주 월요일과 자유관람일인 목요일은 제외합니다.)

매일 3회 (10:00, 13:00, 14:00)입니다.

옥류천 특별관람코스 요금 : 5,000원(요금할인 혜택이나 단체 할인은 없음)

• 무료 대상 : 6세 이하 어린이, 장애인, 장애등급 1~3급 보호자, 국가유공자 및 동반가족 1인

• 창덕궁 웹사이트 http://www.cdg.go.kr

근정전 마당의 박석

정겨운 朝鮮의 얼굴 | 우리 궁궐 산책

2008년 5월 13일 1쇄 인쇄
2008년 5월 19일 1쇄 발행

지은이 _ 윤 돌

펴낸곳 _ 도서출판 이비컴
펴낸이 _ 강기원
주소 _ (130-811) 서울 동대문구 신설동 97-1 302호
대표전화 _ (02) 2254-0658
팩스 _ (02) 2254-0634
전자우편 _ help@bookbee.co.kr
웹사이트 _ http://www.bookbee.co.kr

등록번호 _ 제6-0596호
등록일자 _ 2004.4.9
ISBN _ 978-89-6254-002-6
값 12,000원